LIDERAZGO TOTAL

Estrategias para Gerentes Generales que Quieren Dominar la Gestión y Llevar su Empresa al Éxito

CONSULTORIA IA

Copyright © 2024 CONSULTORIA IA

All rights reserved

The characters and events portrayed in this book are fictitious. Any similarity to real persons, living or dead, is coincidental and not intended by the author.

No part of this book may be reproduced, or stored in a retrieval system, or transmitted in any form or by any means, electronic, mechanical, photocopying, recording, or otherwise, without express written permission of the publisher.

Cover design by: Art Painter
Library of Congress Control Number: 2018675309
Printed in the United States of America

A NUESTRA FAMILIA

CONTENIDOS

Titulo

Derechos de autor

Dedicatoria

Reseña

¿Por qué leer ESTE LIBRO?

Audiencia Objetivo

Prólogo

Capítulo 1: La Mentalidad del Líder Total

Capítulo 2: Toma de Decisiones Críticas bajo Presión

Capítulo 3: Construir y Liderar Equipos de Alto Rendimiento

Capítulo 4: Innovación y Adaptabilidad en Tiempos de Cambio

Capítulo 5: Comunicación Efectiva para Líderes

Apéndices

RESEÑA

Este libro es una guía esencial para gerentes generales y líderes empresariales que buscan perfeccionar sus habilidades de liderazgo y gestión. A través de estrategias probadas y prácticas, se aborda cómo llevar una empresa al éxito sostenible en un entorno empresarial dinámico y competitivo. Desde la toma de decisiones estratégicas hasta la gestión efectiva del equipo, "Liderazgo Total" ofrece un enfoque integral que fusiona teoría y práctica, orientado a desarrollar un liderazgo transformador, basado en la innovación, la comunicación efectiva y la creación de culturas organizacionales de alto rendimiento. Ideal para quienes desean no solo dirigir, sino liderar con visión, influencia y resultados.

¿POR QUÉ LEER ESTE LIBRO?

Este libro es una lectura imprescindible para líderes que desean transformar su forma de dirigir y llevar a sus organizaciones al siguiente nivel. Aquí tienes algunas razones para leerlo:

1. Dominio integral del liderazgo: Ofrece una visión completa sobre las competencias clave que todo gerente general debe tener para convertirse en un líder eficaz, desde la toma de decisiones estratégicas hasta la construcción de culturas organizacionales sólidas.

2. Estrategias probadas: El libro está lleno de enfoques prácticos y estrategias basadas en casos reales, lo que permite al lector aplicar de inmediato las lecciones a su propia gestión.

3. Enfoque en resultados tangibles: Más que teorías, este libro se enfoca en lograr mejoras concretas en la productividad, rentabilidad y cohesión de los equipos, preparando a los líderes para enfrentar desafíos complejos en un entorno empresarial competitivo.

4. Transformación personal y organizacional: Además de mejorar las habilidades de gestión, el libro ayuda a los líderes a desarrollar una mentalidad de innovación, resiliencia y crecimiento personal, que se reflejará en el éxito a largo plazo de la empresa.

5. Guía para la toma de decisiones críticas: Aborda cómo los líderes pueden tomar decisiones cruciales en situaciones de alta presión, gestionando el riesgo de manera efectiva y asegurando el éxito en escenarios inciertos.

Leer este libro no solo ayudará a los gerentes a ser mejores líderes, sino que les brindará las herramientas para llevar a sus organizaciones hacia un futuro de éxito duradero.

AUDIENCIA OBJETIVO

Este libro está diseñado para un grupo diverso de líderes empresariales y profesionales que aspiran a perfeccionar sus habilidades de liderazgo y gestión. A continuación, se detallan los principales perfiles de la audiencia objetivo:

1. Gerentes Generales y Ejecutivos: El libro está dirigido especialmente a quienes ocupan roles de alta dirección y buscan optimizar su desempeño como líderes en la gestión de organizaciones complejas y diversas.

2. Empresarios y Fundadores de Empresas: Aquellos que están al frente de sus propios negocios encontrarán en este libro herramientas prácticas para guiar sus empresas hacia el crecimiento sostenible, la innovación y la competitividad.

3. Líderes en proceso de desarrollo: Profesionales en roles de mando intermedio o en ascenso dentro de sus organizaciones, que desean prepararse para futuras posiciones de liderazgo estratégico.

4. Consultores y Coaches Empresariales: Aquellos que trabajan asesorando a ejecutivos y empresas sobre liderazgo, gestión y estrategia empresarial, podrán utilizar las ideas y estrategias del libro para enriquecer sus métodos y enfoques.

5. Estudiantes y Profesores de Administración y Liderazgo: Este libro también es útil para quienes estudian o enseñan gestión empresarial, pues proporciona ejemplos prácticos y enfoques contemporáneos para aplicar el liderazgo en el mundo real.

6. Profesionales de Recursos Humanos: Los encargados de formar líderes y desarrollar talento dentro de las organizaciones pueden beneficiarse de las estrategias descritas para construir equipos sólidos y promover una cultura organizacional efectiva.

"Liderazgo Total" está diseñado para cualquier persona que desee mejorar su capacidad de influir, motivar y guiar a otros hacia el éxito, y ofrece un enfoque valioso tanto para los líderes experimentados como para aquellos que aspiran a serlo.

PRÓLOGO

Vivimos en una era de cambio constante. Las empresas enfrentan desafíos impredecibles, desde avances tecnológicos que transforman industrias hasta crisis globales que alteran las reglas del juego. En este entorno, ser un gerente general ya no se trata solo de mantener el rumbo; se trata de liderar con una visión clara, tomar decisiones estratégicas bajo presión, y, sobre todo, inspirar a otros a dar lo mejor de sí.

Este libro nace de la experiencia acumulada a lo largo de años trabajando con líderes empresariales de todo el mundo. He tenido la oportunidad de observar de cerca lo que diferencia a los gerentes excepcionales de los que simplemente sobreviven en el cargo. La diferencia radica en su enfoque holístico hacia el liderazgo. Estos líderes no solo gestionan recursos o supervisan equipos; crean culturas organizacionales que prosperan incluso en la adversidad, innovan en lugar de adaptarse pasivamente, y sobre todo, nunca dejan de aprender.

"Liderazgo Total" está diseñado para ofrecer una guía práctica, estratégica y accesible para quienes ocupan posiciones de alta responsabilidad, pero que buscan algo más que resultados a corto plazo. En estas páginas, los gerentes generales encontrarán herramientas para desarrollar habilidades esenciales como la toma de decisiones críticas, la gestión del talento humano, la capacidad para navegar la incertidumbre y la creación de equipos cohesionados y resilientes.

Uno de los principales desafíos a los que se enfrentan los líderes es cómo mantenerse relevantes y efectivos en un entorno cambiante. Este libro no pretende ofrecer soluciones mágicas, sino que proporciona enfoques probados que puedes adaptar a la realidad de tu empresa, tu industria y tus circunstancias particulares. Las estrategias que leerás aquí han sido aplicadas con éxito en múltiples sectores, desde pequeñas startups hasta grandes corporaciones internacionales.

A lo largo de los capítulos, exploraremos cómo los líderes más exitosos no son necesariamente los que conocen todas las respuestas, sino aquellos que saben formular las preguntas correctas y rodearse de personas brillantes. Entenderás la importancia de construir una cultura de confianza y colaboración, donde cada miembro de la organización se sienta empoderado para contribuir al éxito común.

En última instancia, el liderazgo es un viaje. Un viaje que requiere de autoconocimiento, flexibilidad y, sobre todo, la voluntad de evolucionar. Mi esperanza es que este libro te sirva como un mapa en ese camino, ayudándote a superar obstáculos, aprovechar oportunidades y, en última instancia, a llevar tu empresa al éxito que deseas y mereces.

Te invito a que leas estas páginas con la mente abierta, que adaptes las lecciones a tu realidad y que tomes acción. Porque, en el liderazgo, saber es solo el primer paso. Hacer la diferencia está en cómo aplicamos ese conocimiento.

¡Bienvenido a "Liderazgo Total"!

CONSULTORIA IA

CAPÍTULO 1: LA MENTALIDAD DEL LÍDER TOTAL

E l éxito de una organización no se define únicamente por sus productos, servicios o el tamaño de su mercado, sino por las personas que la dirigen. En el corazón de toda empresa que prospera, hay un líder que posee una mentalidad excepcional. Un líder que no solo dirige a su equipo, sino que también establece el rumbo estratégico, inspira a los demás a dar lo mejor de sí mismos y se asegura de que cada acción tomada esté alineada con un objetivo mayor. Este líder es lo que llamamos el Líder Total.

Desarrollar la mentalidad de un Líder Total no es un proceso que ocurre de la noche a la mañana. Requiere autoconocimiento, compromiso y, lo más importante, una disposición constante para aprender y evolucionar. A lo largo de este capítulo, exploraremos las cualidades esenciales que definen a este tipo de liderazgo y cómo un enfoque consciente y meticuloso en tu desarrollo mental puede tener un impacto directo en el éxito de tu empresa. Hablaremos sobre la mentalidad de crecimiento, la resiliencia, y la visión estratégica, tres pilares sobre los cuales se construye la capacidad de cualquier gerente general para llevar su organización al éxito.

1.1. La Mentalidad de Crecimiento: La Base del Liderazgo Excepcional

La primera característica que define a un Líder Total es una mentalidad de crecimiento. Popularizado por la psicóloga Carol Dweck, este concepto se refiere a la creencia de que las habilidades, talentos y competencias no son estáticas, sino que pueden desarrollarse a través del esfuerzo, la práctica y el aprendizaje continuo. Un líder con una mentalidad fija, que cree que sus capacidades son limitadas y que el cambio es imposible, inevitablemente caerá en la trampa de la mediocridad. En contraste, el Líder Total entiende que el éxito no es un destino, sino un viaje de mejora constante.

Desarrollar esta mentalidad es crucial en la alta dirección, donde las decisiones pueden tener consecuencias de gran alcance para la organización. Un gerente general con una mentalidad de crecimiento no solo busca soluciones a corto plazo, sino que está constantemente explorando formas de mejorar los procesos, desarrollar el talento dentro de su equipo y anticiparse a los cambios del mercado. Este líder no tiene miedo de asumir riesgos calculados o aprender de sus fracasos, porque entiende que cada error es una oportunidad para aprender y crecer.

El verdadero poder de la mentalidad de crecimiento radica en su capacidad para influir en la cultura organizacional. Cuando los empleados ven que su líder está comprometido con el aprendizaje continuo, ellos también se sienten motivados a desarrollarse, lo que crea un entorno de mejora continua. En lugar de quedarse atrapados en los errores o buscar culpables, un equipo liderado por alguien con esta mentalidad busca soluciones, fomenta la creatividad y está preparado para enfrentar cualquier desafío. Este tipo de liderazgo empodera a los empleados, aumentando su confianza y fomentando un entorno donde la innovación puede florecer.

Por tanto, para convertirte en un Líder Total, debes empezar por cambiar la forma en que abordas el aprendizaje y el desarrollo personal. Pregúntate a ti mismo: ¿Estás dispuesto a admitir lo que no sabes? ¿Estás abierto a recibir retroalimentación, incluso cuando sea crítica? ¿Estás buscando activamente formas de mejorar y crecer? Un verdadero líder no teme estas preguntas, sino que las abraza como parte de su proceso de evolución.

1.2. La Resiliencia: La Capacidad de Recuperarse y Seguir Avanzando

Si bien la mentalidad de crecimiento es el motor del aprendizaje continuo, la resiliencia es lo que permite a un líder mantener el rumbo frente a las adversidades. En el mundo empresarial, los desafíos son inevitables. Desde crisis económicas hasta cambios disruptivos en la industria, todos los gerentes generales enfrentarán en algún momento circunstancias difíciles que pondrán a prueba su temple y su capacidad de liderazgo. Aquí es donde entra en juego la resiliencia.

Un Líder Total no es alguien que nunca enfrenta dificultades, sino alguien que sabe cómo sobreponerse a ellas. La resiliencia no solo se trata de resistir los golpes, sino de aprender a recuperarse más fuerte, más sabio y más preparado. Es la capacidad de seguir adelante incluso cuando las cosas no van según lo planeado, y de mantener una actitud positiva y proactiva ante la adversidad.

La resiliencia tiene dos componentes fundamentales: la adaptabilidad y la fortaleza emocional. En primer lugar, la adaptabilidad es clave en un entorno empresarial en constante cambio. Un gerente general que se aferra a estrategias obsoletas o se resiste a la evolución del mercado está condenado al fracaso. El Líder Total, en cambio, sabe cuándo es momento de ajustar el rumbo y reinventarse, y no teme tomar decisiones difíciles si eso significa proteger el futuro de la organización. Esta capacidad de adaptación es la que permite a los líderes exitosos mantenerse a flote en tiempos de crisis y aprovechar las oportunidades que otros pasan por alto.

El segundo componente, la fortaleza emocional, es igual de importante. Los líderes no son inmunes al estrés, la presión y la incertidumbre, pero un Líder Total sabe cómo gestionar sus emociones de manera efectiva. En lugar de dejarse llevar por la ansiedad o el pesimismo, este líder cultiva una mentalidad de calma y enfoque, que no solo le permite tomar decisiones racionales, sino que también transmite una sensación de estabilidad a su equipo. Después de todo, los empleados buscan orientación y confianza en sus líderes durante los momentos de crisis, y un líder emocionalmente fuerte es un pilar en el que pueden apoyarse.

Además, la resiliencia no solo es importante para el líder, sino también para la organización en su conjunto. Un equipo dirigido por un líder resiliente está mejor preparado para manejar los desafíos, porque saben que su líder es capaz de guiarlos a través de cualquier tormenta. En resumen, la resiliencia es una de las herramientas más poderosas en el arsenal del Líder Total, y es lo que le permite no solo sobrevivir en tiempos difíciles, sino prosperar.

1.3. Visión Estratégica: Navegando hacia el Futuro

Mientras que la mentalidad de crecimiento impulsa el desarrollo continuo y la resiliencia te permite superar obstáculos, lo que realmente define el éxito a largo plazo de un Líder Total es su visión estratégica. La visión estratégica es la capacidad de ver más allá del presente, anticiparse a las tendencias futuras y trazar un rumbo claro hacia los objetivos de la organización. Un líder sin una visión clara está condenado a tomar decisiones a corto plazo que pueden beneficiar en el momento, pero que a la larga pueden llevar a la organización a un camino de estancamiento o irrelevancia.

Tener una visión estratégica no significa simplemente establecer metas ambiciosas. Significa ser capaz de articular un propósito claro para la empresa y alinear todas las acciones con ese propósito. El Líder Total tiene una capacidad única para conectar los puntos entre las decisiones cotidianas y los objetivos a largo plazo, asegurándose de que cada paso que se dé esté llevando a la organización en la dirección correcta.

Para desarrollar una visión estratégica sólida, es fundamental tener una comprensión profunda del entorno empresarial. Esto incluye tanto el mercado como los competidores, los clientes y los cambios tecnológicos que están modelando la industria. Un líder estratégico no actúa en un vacío; constantemente recopila información, analiza tendencias y ajusta su plan según sea necesario. Este tipo de líder está siempre un paso por delante, anticipándose a los desafíos y aprovechando las oportunidades antes de que otros siquiera las perciban.

La visión estratégica también implica tener la valentía de tomar decisiones difíciles. A veces, las mejores oportunidades se presentan en momentos de incertidumbre, y los líderes que tienen una visión clara no temen hacer apuestas audaces para posicionar a su empresa como líder del mercado. Sin embargo, la audacia no es lo mismo que la imprudencia. Un Líder Total toma riesgos calculados, basados en un análisis riguroso de la situación y un profundo entendimiento de las implicaciones a largo plazo.

Además, una visión estratégica no puede existir sin una comunicación efectiva. Un líder puede tener la mejor estrategia del mundo, pero si no puede transmitir esa visión de manera clara y convincente a su equipo, nunca se materializará. El Líder Total es un maestro en comunicar su visión de manera que inspire, motive y movilice a todos los niveles de la organización. Cuando cada miembro del equipo entiende hacia dónde se dirige la empresa y cómo su trabajo contribuye a ese objetivo, se crea un sentido de propósito y unidad que impulsa a la organización hacia adelante.

1.4. La Combinación de Cualidades para el Liderazgo Total

Lo que distingue a un Líder Total no es una sola cualidad o característica, sino la combinación armoniosa de una mentalidad de crecimiento, resiliencia y visión estratégica. Estas cualidades trabajan juntas para formar la base de un liderazgo excepcional que no solo navega los desafíos del presente, sino que también construye un futuro sostenible y exitoso para la organización.

Un líder con una mentalidad de crecimiento se asegura de que tanto él como su equipo estén en constante evolución, aprendiendo y mejorando. Un líder resiliente mantiene el enfoque y la estabilidad incluso en los momentos más difíciles, mientras que la visión estratégica le permite trazar el camino hacia el éxito a largo plazo. Cuando estas cualidades se unen, el resultado es un líder que no solo tiene la capacidad de gestionar eficazmente una empresa, sino que también inspira a otros a dar lo mejor de sí mismos y a trabajar en conjunto hacia un propósito común.

Sin embargo, convertirse en un Líder Total no es un destino, sino un proceso continuo. Requiere introspección, compromiso y una disposición constante para mejorar. Es importante recordar que ningún líder nace siendo perfecto; lo que define a los grandes líderes es su capacidad para adaptarse, aprender y crecer. En resumen, desarrollar una mentalidad de Líder Total no solo transformará tu capacidad de liderazgo, sino que también transformará tu organización, llevándola a niveles de éxito que antes parecían inalcanzables.

En los capítulos siguientes, exploraremos herramientas prácticas y estrategias específicas que te ayudarán a cultivar estas cualidades y ponerlas en acción en tu día a día como gerente general. Porque, al final del día, el liderazgo no se trata solo de tener una posición de autoridad, sino de cómo usas esa posición para influir positivamente en tu equipo y guiar a tu empresa hacia el éxito.

La Mentalidad del Líder Total

La mentalidad de liderazgo es el pilar fundamental que sostiene a todo gerente general que aspira a llevar su empresa al éxito. Más allá de las habilidades técnicas o la experiencia acumulada, lo que verdaderamente diferencia a un líder excepcional es su forma de pensar, su capacidad para abordar los desafíos desde una perspectiva estratégica, resiliente y orientada a largo plazo. El liderazgo efectivo no solo se trata de dirigir equipos o tomar decisiones; es una filosofía, una manera de interpretar el mundo y de responder ante los retos. El líder total comprende que el éxito es un proceso continuo de crecimiento, tanto personal como profesional, y está dispuesto a adaptarse, evolucionar y enfrentarse a la incertidumbre con determinación y confianza. A continuación, exploraremos los elementos clave que conforman esta mentalidad de liderazgo.

La mentalidad de crecimiento: el punto de partida

Una de las características fundamentales de un líder total es su mentalidad de crecimiento. Este concepto, desarrollado por la psicóloga Carol Dweck, se refiere a la creencia de que las habilidades y la inteligencia pueden desarrollarse con esfuerzo, estrategias adecuadas y aprendizaje continuo. En el mundo empresarial, esta mentalidad es crucial. Un líder con mentalidad fija cree que sus habilidades son innatas y no pueden cambiar mucho con el tiempo; mientras que un líder con mentalidad de crecimiento ve los desafíos como oportunidades para aprender y mejorar.

Tomemos como ejemplo a Satya Nadella, el CEO de Microsoft. Cuando asumió el liderazgo de la empresa en 2014, Microsoft estaba enfrentando una serie de dificultades. La empresa estaba perdiendo terreno frente a sus competidores, y su cultura organizacional se había vuelto rígida, con una mentalidad fija que promovía la idea de que solo los más "inteligentes" y "capaces" podían tener éxito. Nadella, consciente de este problema, promovió un cambio radical en la cultura de la empresa. Introdujo la idea de una "mentalidad de crecimiento" en todos los niveles de la organización, alentando a los empleados a experimentar, aprender de sus fracasos y no temer al riesgo. Este cambio de mentalidad no solo revitalizó a la empresa, sino que también la colocó nuevamente como líder en el sector tecnológico. Un gerente general con una mentalidad de crecimiento ve las fallas como aprendizajes valiosos y las utiliza como trampolines para alcanzar mayores logros.

El líder total, como Nadella, no teme a los cambios ni a los desafíos. En lugar de verlos como barreras insuperables, los interpreta como oportunidades para crecer. Sabe que el verdadero liderazgo no reside en evitar los errores, sino en tener la capacidad de aprender de ellos y salir fortalecido. En un entorno empresarial volátil, donde la innovación y la adaptación constante son esenciales, la mentalidad de crecimiento es una ventaja competitiva indiscutible.

La resiliencia: fortaleza ante la adversidad

Junto con la mentalidad de crecimiento, la resiliencia es otra cualidad esencial en la mentalidad del líder total. La resiliencia se refiere a la capacidad de un individuo para recuperarse de los contratiempos, superar las dificultades y adaptarse a las situaciones cambiantes. Un líder resiliente no se rinde ante los obstáculos; en cambio, encuentra maneras de adaptarse y prosperar en medio de la adversidad.

Un ejemplo emblemático de resiliencia en el liderazgo es el caso de Howard Schultz, el ex CEO de Starbucks. Schultz creció en una familia de bajos ingresos y, a pesar de las dificultades económicas, nunca perdió de vista sus objetivos. Cuando asumió el liderazgo de Starbucks, la empresa estaba en dificultades financieras y su modelo de negocio enfrentaba serios cuestionamientos. Sin embargo, Schultz se mantuvo resiliente. Implementó una serie de cambios estratégicos, incluidos el cierre de tiendas no rentables y la renovación del enfoque en la experiencia del cliente, lo que permitió a la compañía no solo sobrevivir, sino florecer y convertirse en una marca global. Schultz ejemplifica la capacidad de un líder para mantenerse firme y decidido incluso cuando las circunstancias parecen desfavorables.

La resiliencia no es simplemente una cuestión de aguantar golpes, sino de adaptarse inteligentemente a nuevas circunstancias. Los líderes resilientes reconocen que las crisis son inevitables, y en lugar de intentar evitarlas, desarrollan una capacidad para enfrentarlas con coraje y serenidad. Además, un líder resiliente sabe que no está solo en la lucha; es capaz de inspirar a su equipo para que también cultiven la resiliencia colectiva. De esta manera, la organización en su conjunto se vuelve más ágil y capaz de superar las adversidades.

Para un gerente general, la resiliencia es más que una habilidad personal: es una cualidad que debe fomentar en toda la organización. Una empresa resiliente es aquella que puede adaptarse rápidamente a los cambios del mercado, recuperarse de crisis inesperadas y seguir innovando, independientemente de las dificultades que enfrente. Un líder total no solo predica la resiliencia, sino que también la encarna y la infunde en cada nivel de la empresa.

Enfoque a largo plazo: más allá de los resultados inmediatos

Otra piedra angular en la mentalidad del líder total es su capacidad para pensar y actuar con una visión a largo plazo. En un mundo donde los resultados trimestrales y las ganancias inmediatas parecen ser el único indicador de éxito, es fácil caer en la trampa de buscar beneficios a corto plazo a expensas del crecimiento sostenible. Sin embargo, un líder excepcional sabe que el verdadero éxito no se construye de la noche a la mañana, sino a través de una planificación estratégica enfocada en el largo plazo.

El enfoque a largo plazo es evidente en el caso de Jeff Bezos y Amazon. Desde los primeros días de Amazon, Bezos siempre priorizó la reinversión de las ganancias en nuevas tecnologías, infraestructuras y servicios que posicionaran a la empresa como líder en el futuro. Esta mentalidad le permitió desarrollar innovaciones como Amazon Web Services (AWS), que ahora es una de las principales fuentes de ingresos de la compañía, y transformar a Amazon en un gigante del comercio electrónico. Mientras otros ejecutivos podrían haber sucumbido a la presión de obtener beneficios inmediatos, Bezos se mantuvo firme en su visión a largo plazo, sabiendo que este enfoque eventualmente daría sus frutos.

Para los gerentes generales, adoptar una visión a largo plazo significa resistir la tentación de las soluciones rápidas o las tácticas que generan resultados inmediatos pero que podrían comprometer el éxito futuro. Un líder total es capaz de alinear a toda la organización con una misión y visión que trascienden el corto plazo. Sabe que los grandes logros requieren tiempo, paciencia y una planificación cuidadosa. Así, aunque los retos y las crisis a corto plazo puedan parecer urgentes, no desvían su atención de los objetivos más amplios y significativos.

Además, este enfoque a largo plazo permite que el líder total fomente una cultura organizacional basada en la innovación continua y la mejora constante. Los líderes que solo buscan resultados inmediatos suelen sofocar la creatividad y el riesgo calculado, pero aquellos con una mentalidad de largo plazo entienden que la innovación es clave para la supervivencia y el crecimiento sostenido en un entorno empresarial dinámico.

El autoconocimiento: la base de la autenticidad

Finalmente, el autoconocimiento es una cualidad esencial en la mentalidad de liderazgo. Un líder que se conoce a sí mismo, que es consciente de sus fortalezas, debilidades, emociones y motivaciones, puede liderar con autenticidad y generar confianza en su equipo. El autoconocimiento no solo permite al líder tomar decisiones más informadas, sino que también facilita el desarrollo de una inteligencia emocional elevada, lo que es crucial para gestionar las relaciones interpersonales y navegar por los complejos entornos organizacionales.

Un ejemplo claro de la importancia del autoconocimiento en el liderazgo es el de Indra Nooyi, ex CEO de PepsiCo. Nooyi fue conocida por su estilo de liderazgo auténtico y por su capacidad para conectarse emocionalmente con sus empleados. Una de sus cualidades distintivas era su autoconciencia, lo que le permitía ser transparente en su comunicación y generar confianza en sus equipos. Al ser consciente de sus propias emociones y las de los demás, pudo liderar PepsiCo durante tiempos de cambios y desafíos, manteniendo una cultura organizacional positiva y colaborativa.

El autoconocimiento también permite al líder total mantener la humildad. Reconocer las áreas donde necesita mejorar o delegar responsabilidades es una muestra de fortaleza, no de debilidad. Los líderes que carecen de autoconocimiento tienden a ser autocráticos, inflexibles y, en última instancia, destructivos para sus organizaciones. En cambio, aquellos que se conocen bien a sí mismos son capaces de construir relaciones más auténticas con sus equipos, generar un entorno de confianza y fomentar una cultura de colaboración.

La mentalidad de liderazgo se compone de múltiples facetas que, en conjunto, permiten a un gerente general sobresalir y llevar su empresa al éxito. La mentalidad de crecimiento, la resiliencia, el enfoque a largo plazo y el autoconocimiento no son solo conceptos teóricos, sino herramientas prácticas que todo líder debe cultivar y aplicar diariamente. Un líder total no solo se enfoca en alcanzar los resultados inmediatos, sino en construir una organización fuerte, adaptable y visionaria capaz de prosperar a largo plazo.

CAPÍTULO 2: TOMA DE DECISIONES CRÍTICAS BAJO PRESIÓN

La toma de decisiones es una de las habilidades más esenciales y delicadas que un gerente general debe dominar. En un entorno empresarial cada vez más complejo, volátil y competitivo, las decisiones críticas no solo deben ser acertadas, sino también oportunas y estratégicas. En muchos casos, el gerente general se enfrenta a la presión del tiempo, la incertidumbre de los resultados, y la necesidad de equilibrar intereses a menudo conflictivos. Este capítulo explora herramientas, técnicas y estrategias que permitirán a los líderes tomar decisiones informadas y estratégicas bajo presión, y cómo combinar el análisis racional con la intuición de liderazgo para lograr resultados exitosos.

La naturaleza de la toma de decisiones bajo presión

En situaciones normales, los gerentes pueden tener tiempo para recopilar toda la información necesaria, analizar los pros y los contras, y consultar a su equipo antes de tomar una decisión. Sin embargo, bajo presión, este tiempo es un recurso limitado, y la incertidumbre se convierte en un factor que no puede ignorarse. La presión puede provenir de una crisis interna, como una caída en las ventas o problemas de gestión, o de factores externos, como un cambio repentino en el mercado, una pandemia global o una disrupción tecnológica.

Cuando las circunstancias son inciertas y desafiantes, los líderes se ven obligados a tomar decisiones rápidas, a menudo con información incompleta o ambigua. Aquí es donde la toma de decisiones críticas bajo presión se convierte en un arte que debe combinar habilidades analíticas, experiencia e intuición. Este equilibrio entre el pensamiento racional y la intuición de liderazgo es clave para navegar situaciones inciertas con confianza y éxito.

Técnicas de toma de decisiones estratégicas bajo presión

Una de las claves para tomar decisiones críticas bajo presión es el uso de herramientas y técnicas que proporcionen un marco estructurado para evaluar opciones y riesgos. A continuación, presentamos varias técnicas que pueden ser invaluables en momentos de alta tensión.

1. Matriz de decisión

La matriz de decisión es una herramienta útil cuando se necesita evaluar múltiples opciones bajo criterios específicos. Es especialmente valiosa cuando las decisiones involucran varias variables que deben ser ponderadas. Para utilizar esta herramienta, el líder debe:

1. Definir claramente las opciones disponibles.

2. Identificar los criterios clave que influirán en la decisión, como el impacto financiero, el tiempo de implementación, los recursos necesarios, entre otros.

3. Asignar un peso a cada criterio según su importancia relativa.

4. Calificar cada opción con respecto a cada criterio, sumando los puntajes ponderados para determinar la mejor opción.

Esta técnica no solo permite un análisis estructurado, sino que también reduce el riesgo de que las decisiones se basen únicamente en emociones o en reacciones impulsivas, que son comunes bajo presión.

2. Análisis de Pareto (80/20)

El principio de Pareto es otro recurso poderoso para tomar decisiones rápidas y estratégicas cuando se dispone de poco tiempo. Este principio sugiere que el 80% de los resultados proviene del 20% de las causas. En la toma de decisiones bajo presión, se trata de identificar las áreas clave que generarán el mayor impacto con el menor esfuerzo. Al aplicar esta técnica, el gerente puede:

1. Identificar cuáles problemas o áreas están generando la mayor cantidad de dificultades.

2. Concentrar los esfuerzos en resolver esos problemas de mayor impacto, en lugar de dispersar los recursos en resolver detalles menos relevantes.

Este enfoque permite a los líderes gestionar recursos limitados y maximizar los resultados, incluso en circunstancias caóticas.

3. Pensamiento crítico y escenarios alternativos

El pensamiento crítico es fundamental para evaluar las diferentes rutas que un líder puede tomar. En tiempos de incertidumbre, donde no existe una única respuesta correcta, es crucial explorar varios escenarios posibles. El uso de simulaciones o análisis de escenarios ayuda a prever las consecuencias de diferentes decisiones y proporciona una visión más clara de las posibles implicaciones.

1. Escenarios optimistas, pesimistas y realistas: Al considerar diferentes escenarios, los líderes deben preparar un plan para el mejor de los casos, el peor de los casos y el escenario más probable. Esto asegura que la empresa esté lista para adaptarse a una gama de posibles desenlaces.

2. Uso de datos y análisis predictivo: En la era digital, los datos juegan un papel crucial en la toma de decisiones. Los líderes que pueden utilizar análisis predictivos para anticipar posibles resultados tendrán una ventaja considerable, ya que podrán tomar decisiones informadas basadas en tendencias y patrones observados.

4. Técnica de "Tomar Distancia"

Otra herramienta valiosa en la toma de decisiones bajo presión es la técnica de "tomar distancia". Esto significa que, aunque el tiempo sea limitado, el líder debe ser capaz de tomar un paso atrás, despejar su mente y evaluar la situación desde una perspectiva más amplia. Esto puede involucrar:

- Descansar brevemente: A veces, un breve descanso para aclarar la mente puede ser más efectivo que una decisión rápida e impulsiva.

- Consultar a un mentor o colega de confianza: Obtener una segunda opinión puede aportar una perspectiva externa que no ha sido considerada.

- Visualizar las consecuencias a largo plazo: En lugar de tomar una decisión solo pensando en el corto plazo, es esencial considerar cómo afectará a la empresa y al equipo en el futuro.

La capacidad de un líder para mantener la calma, "tomar distancia" y evaluar con claridad puede marcar la diferencia entre una decisión precipitada y una estratégica.

Equilibrio entre análisis racional e intuición

Uno de los mayores desafíos en la toma de decisiones críticas bajo presión es encontrar el equilibrio adecuado entre el análisis racional y la intuición. Ambos enfoques tienen su lugar en el proceso de toma de decisiones, y un líder efectivo debe saber cuándo confiar en uno u otro.

El papel del análisis racional

El análisis racional se basa en la recopilación y evaluación sistemática de datos y hechos antes de tomar una decisión. Se trata de utilizar el pensamiento lógico para evaluar opciones de manera objetiva, minimizando el sesgo personal. Las herramientas como la matriz de decisión, los análisis de costos-beneficios y las simulaciones de escenarios son ejemplos de técnicas que se apoyan en el análisis racional.

Sin embargo, cuando la presión es alta y el tiempo es limitado, no siempre es posible realizar un análisis exhaustivo. Aquí es donde la intuición de un líder experimentado entra en juego.

La intuición en la toma de decisiones

La intuición, a menudo llamada "el instinto", es una forma de conocimiento que no se basa en un razonamiento lógico consciente, sino en la experiencia acumulada y el reconocimiento de patrones. Los líderes que han enfrentado múltiples situaciones de crisis y desafíos en el pasado desarrollan una "sabiduría tácita" que les permite tomar decisiones rápidas basadas en su intuición.

La intuición no es irracional ni aleatoria. De hecho, estudios han demostrado que en situaciones de alta presión, los expertos a menudo confían en la intuición porque pueden reconocer patrones de manera rápida e inconsciente, incluso cuando no tienen toda la información disponible.

Cuándo usar la intuición y cuándo usar el análisis racional

El verdadero arte del liderazgo está en saber cuándo confiar en la intuición y cuándo recurrir al análisis racional. Algunos factores que pueden guiar esta decisión incluyen:

- Experiencia previa: Si un líder ha enfrentado situaciones similares en el pasado y ha tenido éxito, es más probable que pueda confiar en su intuición. Sin embargo, si la situación es completamente nueva o única, es prudente utilizar un enfoque más racional y analítico.

- Disponibilidad de tiempo: Si el tiempo es extremadamente limitado y no hay oportunidad para un análisis completo, la intuición puede ser la mejor herramienta. En cambio, si hay tiempo suficiente para recopilar y analizar datos, el análisis racional debería tener prioridad.

- Gravedad de las consecuencias: En situaciones donde el margen de error es mínimo y las consecuencias de una mala decisión son graves, es esencial hacer un análisis más profundo y detallado, combinando ambos enfoques cuando sea posible.

La toma de decisiones críticas bajo presión es una habilidad que todo gerente general debe dominar para llevar a su empresa al éxito. Al combinar herramientas y técnicas prácticas con una intuición bien desarrollada, los líderes pueden tomar decisiones estratégicas incluso en las circunstancias más inciertas y desafiantes. Saber cuándo utilizar el análisis racional y cuándo confiar en la intuición es un arte que se perfecciona con la experiencia, pero con las herramientas adecuadas, cualquier líder puede mejorar sus habilidades y lograr decisiones exitosas, incluso en los momentos más difíciles.

Temas Clave en la Toma de Decisiones: Gestión del Riesgo, Análisis de Decisiones, Pensamiento Crítico e Intuición

Cuando hablamos de liderazgo en la gestión empresarial, inevitablemente tocamos los temas clave que definen el éxito o fracaso de las decisiones estratégicas. Entre ellos, la gestión del riesgo, el análisis de decisiones, el pensamiento crítico, y la intuición ocupan un lugar preponderante. Estos conceptos no solo permiten a los líderes navegar por la incertidumbre, sino que también les proporcionan una base sólida para tomar decisiones informadas y estratégicas. En este apartado, desglosaremos cada uno de estos temas, ofreciéndote herramientas, ejemplos y técnicas que te ayudarán a aplicar estas ideas en la práctica diaria de tu liderazgo.

Gestión del riesgo: anticipar lo inesperado

La gestión del riesgo es un proceso continuo que permite a los líderes identificar, evaluar y mitigar las posibles amenazas que podrían afectar el logro de los objetivos estratégicos. En el entorno actual, donde la volatilidad es la norma, gestionar riesgos de manera efectiva se ha vuelto una competencia crítica para los líderes empresariales.

Identificación y evaluación de riesgos

Uno de los primeros pasos en la gestión del riesgo es la identificación de posibles amenazas. Imagina a un gerente general en una empresa de tecnología que está evaluando lanzar un nuevo producto al mercado. Los riesgos pueden provenir de diversas áreas: la competencia podría lanzar un producto similar, los clientes podrían no responder favorablemente, o podrían surgir problemas en la cadena de suministro. Para abordar este desafío, el líder debe hacer una lista de riesgos potenciales, desde los más evidentes hasta los más improbables.

Una técnica útil para identificar riesgos es el análisis FODA (Fortalezas, Oportunidades, Debilidades y Amenazas). Esta herramienta permite a los líderes no solo identificar riesgos, sino también evaluar si tienen las capacidades internas para enfrentarlos y las oportunidades de mitigarlos. En nuestro ejemplo de la empresa de tecnología, el análisis FODA podría revelar que la empresa tiene una fuerte reputación de innovación (fortaleza), pero una cadena de suministro global vulnerable a disrupciones (debilidad), y una competencia feroz que también busca liderar en el mismo nicho (amenaza).

Mitigación y gestión de riesgos

Una vez que se han identificado los riesgos, el siguiente paso es mitigar su impacto. Aquí es donde las estrategias de contingencia entran en juego. Por ejemplo, el gerente general de la empresa de tecnología podría decidir desarrollar relaciones con múltiples proveedores para reducir la dependencia de uno solo. También podría optar por lanzar una campaña de mercadeo enfocada en educar a los clientes sobre las características diferenciadoras del producto antes de que la competencia pueda reaccionar.

Una técnica común en la mitigación de riesgos es el mapa de riesgos, una representación visual que clasifica los riesgos en función de su probabilidad y su impacto. En la matriz, los riesgos con alta probabilidad y alto impacto requieren una atención prioritaria, mientras que los de baja probabilidad y bajo impacto pueden ser monitoreados de manera más relajada. Esto permite a los líderes tomar decisiones informadas sobre en qué riesgos deben enfocar sus esfuerzos y recursos.

Ejemplo de la gestión de riesgos en el mundo real

Consideremos el caso de Tesla. Cuando la empresa decidió expandirse en China, se enfrentaba a varios riesgos: desde problemas regulatorios hasta incertidumbres sobre la aceptación del mercado chino. Sin embargo, Elon Musk y su equipo hicieron una evaluación estratégica de los riesgos y desarrollaron un plan de contingencia. Construyeron una fábrica local, lo que mitigó el riesgo de aranceles y regulaciones comerciales. También ajustaron sus modelos de automóviles para adaptarse a las preferencias de los consumidores chinos. La gestión efectiva del riesgo permitió que Tesla no solo sobreviviera, sino que prosperara en un mercado completamente nuevo y competitivo.

Análisis de decisiones: estructurar el proceso de toma de decisiones

El análisis de decisiones es el proceso sistemático mediante el cual los líderes evalúan opciones, consideran alternativas y seleccionan el curso de acción más adecuado. Este proceso se vuelve aún más crítico cuando las decisiones se toman bajo presión, y el margen de error es limitado.

Métodos de análisis de decisiones

Existen diversas herramientas y métodos para llevar a cabo un análisis de decisiones estructurado. Uno de los más utilizados es el análisis de costo-beneficio, en el que los líderes sopesan los costos y beneficios de cada opción antes de tomar una decisión.

Imaginemos una empresa de retail que está considerando expandirse a una nueva región geográfica. El análisis de costo-beneficio incluiría la evaluación de los costos iniciales de abrir nuevas tiendas, contratar personal local y adaptar los productos a las preferencias culturales, frente a los beneficios de una mayor cuota de mercado y crecimiento de ingresos.

Otra técnica valiosa es el árbol de decisiones, una herramienta que permite a los líderes visualizar las diferentes opciones y los posibles resultados de cada una. Esto es particularmente útil cuando las decisiones implican múltiples pasos o posibles escenarios. En el caso de la empresa de retail, el árbol de decisiones podría ayudar a identificar si es más rentable abrir una sola tienda insignia primero para probar el mercado, o abrir varias tiendas simultáneamente para maximizar la cobertura.

Incorporando la incertidumbre en el análisis

Uno de los mayores desafíos en el análisis de decisiones es la incertidumbre. En muchos casos, los líderes no tienen toda la información disponible o las variables cambian rápidamente. Para manejar esta incertidumbre, es importante incluir análisis probabilísticos y de escenarios.

Por ejemplo, un CEO que está decidiendo si adquirir otra empresa podría usar simulaciones de Monte Carlo para analizar diferentes escenarios de ingresos futuros, basándose en múltiples variables inciertas, como el crecimiento económico o la estabilidad política. Esto le permitiría tomar una decisión informada, incluso si no puede prever con certeza cómo se desarrollarán todas las variables.

Ejemplo de análisis de decisiones en la práctica

Un caso célebre de análisis de decisiones es el de Netflix cuando decidió migrar de su modelo original de alquiler de DVD por correo a un servicio de streaming. La empresa analizó cuidadosamente las tendencias del mercado, el avance tecnológico y los costos de la infraestructura necesaria para ofrecer un servicio de streaming de calidad. A pesar de los altos costos iniciales y la resistencia inicial de algunos clientes, Netflix tomó la decisión estratégica de adelantarse a sus competidores. Este análisis exhaustivo fue crucial para convertir a Netflix en el gigante que es hoy en día.

Pensamiento crítico: una visión clara y objetiva

El pensamiento crítico es la capacidad de analizar información de manera objetiva y evaluar tanto las fortalezas como las debilidades de un argumento antes de tomar una decisión. Para un líder, desarrollar habilidades de pensamiento crítico es esencial para tomar decisiones informadas, evitando caer en sesgos o suposiciones sin fundamento.

Características del pensamiento crítico

Un pensador crítico es curioso, abierto a nuevas ideas, y está dispuesto a cuestionar sus propias suposiciones. Al abordar una decisión, el pensamiento crítico implica:

1. Evaluar la evidencia: Antes de tomar una decisión, es esencial examinar la evidencia disponible. Esto incluye no solo los datos objetivos, sino también las opiniones de los expertos y el feedback de los equipos internos. Un gerente que esté considerando una nueva estrategia de marketing digital, por ejemplo, debe evaluar la evidencia de qué plataformas han sido más efectivas en el pasado, pero también estar abierto a probar nuevas herramientas emergentes.

2. Identificar sesgos: Uno de los mayores enemigos del pensamiento crítico son los sesgos cognitivos, que pueden distorsionar nuestra percepción y afectar nuestras decisiones. Por ejemplo, el sesgo de confirmación hace que las personas busquen solo la información que confirma sus creencias previas, mientras que ignoran la que las contradice. Un líder debe ser consciente de estos sesgos y trabajar activamente para mitigarlos.

3. Considerar múltiples perspectivas: El pensamiento crítico implica no solo centrarse en los propios puntos de vista, sino también estar dispuesto a considerar diferentes perspectivas. Esto podría incluir la consulta de expertos externos, la recolección de opiniones de distintos departamentos o la realización de grupos focales para comprender mejor cómo una decisión afectará a diferentes partes interesadas.

Ejemplo de pensamiento crítico en acción

Un ejemplo clásico de pensamiento crítico en la historia empresarial es el caso de IBM en los años 80. En lugar de continuar invirtiendo ciegamente en el hardware como su competencia, el CEO de IBM, Lou Gerstner, evaluó cuidadosamente las tendencias del mercado y decidió reestructurar la empresa para enfocarse en servicios y software, lo que finalmente la salvó del colapso. Al cuestionar las creencias tradicionales de la empresa y estar dispuesto a considerar nuevas perspectivas, IBM pudo transformarse y seguir siendo relevante en un mercado en rápida evolución.

Intuición: confianza en el instinto basado en la experiencia

La intuición, a menudo subestimada, es una herramienta poderosa en la toma de decisiones empresariales, especialmente bajo presión. Mientras que el análisis racional y el pensamiento crítico se basan en datos y lógica, la intuición se basa en la experiencia acumulada, el conocimiento implícito y la capacidad de reconocer patrones de manera rápida.

La naturaleza de la intuición en la toma de decisiones

La intuición no es simplemente una corazonada sin fundamento. En realidad, es el resultado de la integración rápida de múltiples factores que un líder ha internalizado a lo largo del tiempo. Por ejemplo, un director de ventas que ha trabajado en su industria durante 20 años podría tomar una decisión rápida sobre la contratación de un nuevo ejecutivo basándose en una "sensación" sobre el candidato, una intuición construida sobre cientos de entrevistas y evaluaciones previas.

La intuición experta es particularmente útil cuando los líderes enfrentan situaciones nuevas o cuando no hay suficiente información para un análisis exhaustivo. En estos casos, los líderes deben confiar en su instinto para tomar decisiones rápidas. Sin embargo, es importante señalar que la intuición no debe sustituir el análisis en todas las situaciones, sino complementarlo.

Ejemplo de la intuición en la toma de decisiones

Un ejemplo notable de intuición empresarial fue la decisión de Steve Jobs de lanzar el iPhone sin teclado físico. En ese momento, el teclado era considerado esencial para los teléfonos móviles, y muchos expertos predijeron que el iPhone fracasaría sin él. Sin embargo, Jobs confió en su intuición de que el mercado estaba listo para un dispositivo completamente táctil. Su decisión, guiada más por la intuición que por el análisis convencional, transformó la industria tecnológica para siempre.

En la toma de decisiones críticas, los líderes deben aprender a equilibrar la gestión del riesgo, el análisis racional, el pensamiento crítico y la intuición. Estas herramientas no solo son esenciales para enfrentar situaciones desafiantes bajo presión, sino que también permiten a los líderes actuar con seguridad en un entorno incierto. Los ejemplos reales que hemos explorado demuestran que, al desarrollar y aplicar estas habilidades, los gerentes generales pueden tomar decisiones más informadas, estratégicas y exitosas, guiando a sus empresas hacia el éxito a largo plazo.

Tema Clave	Anécdota Relevante	Lección Principal
Gestión del Riesgo	Tesla, al expandirse a China, mitigó riesgos construyendo una fábrica local y ajustando su oferta a las preferencias del mercado chino.	La gestión de riesgos efectiva implica una planificación estratégica, como reducir la dependencia de proveedores y adaptar productos al mercado local.
Análisis de Decisiones	Netflix decidió migrar del alquiler de DVD al streaming después de analizar tendencias tecnológicas y la evolución de las preferencias.	Un análisis exhaustivo de decisiones puede transformar una empresa y darle una ventaja competitiva, incluso cuando el cambio conlleva altos costos iniciales y resistencias.
Pensamiento Crítico	IBM, bajo Lou Gerstner, cambió su enfoque de hardware a servicios y software, cuestionando las creencias tradicionales dentro de la empresa.	El pensamiento crítico ayuda a desafiar suposiciones establecidas, permitiendo a las empresas adaptarse a nuevas realidades del mercado para mantenerse competitivas.
Intuición	Steve Jobs decidió lanzar el iPhone sin teclado físico, confiando en su intuición sobre el futuro de la tecnología táctil, a pesar de las críticas.	La intuición, basada en la experiencia y la visión, puede ser crucial para decisiones disruptivas que cambian el rumbo de una industria, como fue el caso del iPhone.

CAPÍTULO 3: CONSTRUIR Y LIDERAR EQUIPOS DE ALTO RENDIMIENTO

El tema de construir y liderar equipos de alto rendimiento es crucial para cualquier organización que aspire a lograr el éxito y la excelencia en su industria. La capacidad de conformar un equipo que no solo trabaje bien en conjunto, sino que también esté profundamente comprometido con los objetivos de la empresa, puede marcar la diferencia entre una organización que prospera y una que simplemente sobrevive. Este capítulo busca explorar las estrategias clave que los gerentes generales pueden implementar para reclutar, motivar y retener talento, y cómo, a través de la construcción de equipos sólidos, se puede lograr un alto rendimiento sostenido.

Reclutamiento de Talento: La Piedra Angular de un Equipo Exitoso

El primer paso para construir un equipo de alto rendimiento es contar con las personas adecuadas. Reclutar talento no se trata solo de llenar vacantes, sino de encontrar a aquellos individuos que puedan contribuir de manera significativa al logro de los objetivos de la empresa. El proceso de reclutamiento debe ser estratégico y estar alineado con la visión y cultura organizacional.

Una de las claves para el éxito en el reclutamiento es definir claramente el perfil del candidato ideal, no solo en términos de habilidades técnicas, sino también en cuanto a competencias blandas, valores y actitudes que resuenen con la misión de la empresa. Las organizaciones deben buscar personas que, además de tener las capacidades necesarias, encajen culturalmente y compartan el entusiasmo por los desafíos que enfrenta la compañía.

Un buen proceso de reclutamiento incluye una combinación de herramientas y métodos. Las entrevistas tradicionales son importantes, pero también lo son las pruebas situacionales y técnicas que permitan evaluar cómo un candidato reaccionaría ante situaciones reales dentro de la empresa. Asimismo, las referencias laborales proporcionan información valiosa sobre el comportamiento del candidato en sus anteriores empleos. Además, los líderes exitosos en el proceso de reclutamiento deben considerar la inclusión de diversidad en su equipo, ya que esto no solo enriquece la perspectiva del grupo, sino que también contribuye a la innovación y a la capacidad de la organización para enfrentar desafíos complejos desde múltiples ángulos.

Otra estrategia clave en el reclutamiento es identificar y cultivar una marca de empleador fuerte. Las organizaciones que son reconocidas por ofrecer un entorno laboral atractivo suelen atraer talento de alta calidad sin la necesidad de buscar activamente. Esto se logra a través de una cultura organizacional saludable, el reconocimiento del trabajo bien hecho y la promoción de oportunidades de desarrollo profesional para los empleados. En este sentido, las redes sociales y plataformas de empleo también juegan un papel crucial en la promoción de la marca de empleador, al permitir que los posibles candidatos vean la vida dentro de la organización antes de postularse.

Motivación: El Motor del Alto Rendimiento

Reclutar talento es solo el primer paso; una vez que las personas correctas están en el equipo, es esencial mantener su motivación alta. Un equipo motivado es un equipo que rinde al máximo de su capacidad. La motivación no es estática, sino que requiere un enfoque continuo por parte del liderazgo. En este sentido, los gerentes generales deben adoptar estrategias que promuevan un entorno donde los empleados se sientan valorados y comprometidos con su trabajo.

Uno de los aspectos fundamentales de la motivación es el reconocimiento. Las personas quieren sentir que su trabajo es apreciado y que están contribuyendo de manera significativa al éxito de la organización. Reconocer públicamente los logros y proporcionar retroalimentación positiva puede tener un impacto poderoso en la moral del equipo. Además, los programas de incentivos y bonificaciones son una forma tangible de demostrar que el esfuerzo adicional es recompensado.

Otra manera de mantener la motivación es proporcionar oportunidades de desarrollo personal y profesional. Los empleados que sienten que están creciendo dentro de la empresa y que se les ofrece la posibilidad de adquirir nuevas habilidades tienden a estar más comprometidos. Los programas de capacitación y el fomento de la educación continua son estrategias valiosas en este sentido. Los líderes también deben estar dispuestos a delegar tareas desafiantes y responsabilidades mayores a aquellos empleados que demuestran potencial, creando una trayectoria de crecimiento dentro de la empresa.

La autonomía en el trabajo es otro factor que contribuye significativamente a la motivación. Las personas que sienten que tienen el control sobre cómo realizan sus tareas tienden a ser más proactivas y a aportar ideas innovadoras. Proporcionar a los empleados la libertad de tomar decisiones, dentro de un marco de responsabilidad, fomenta la creatividad y mejora el rendimiento general del equipo.

Finalmente, la creación de un sentido de propósito es crucial para mantener la motivación alta. Las personas quieren sentir que lo que están haciendo tiene un impacto real, tanto dentro de la empresa como en el mundo exterior. Comunicar claramente la misión y visión de la empresa, y cómo el trabajo de cada empleado contribuye a esos objetivos, puede generar un profundo sentido de compromiso.

Retención de Talento: Manteniendo el Equipo en el Largo Plazo

Una vez que se ha construido un equipo de alto rendimiento y se ha logrado mantener la motivación, la siguiente tarea crítica es retener ese talento. La retención de talento es una prioridad para cualquier organización, ya que la rotación constante de empleados puede generar ineficiencias, costos elevados y la pérdida de conocimiento institucional.

Una de las claves para retener talento es ofrecer un ambiente laboral positivo y equilibrado. Los empleados que se sienten cómodos y felices en su entorno de trabajo son menos propensos a buscar oportunidades en otros lugares. Esto implica no solo la creación de un ambiente físico agradable, sino también la promoción de una cultura organizacional que valore el bienestar de los empleados. Las empresas que ofrecen flexibilidad en el trabajo, ya sea a través de horarios flexibles o políticas de trabajo remoto, a menudo encuentran que sus empleados están más satisfechos y son menos propensos a abandonar la empresa.

Además, la compensación justa y competitiva es un aspecto crucial en la retención de talento. Las empresas deben asegurarse de que sus paquetes de compensación estén alineados con las expectativas del mercado y que reflejen el valor que los empleados aportan a la organización. Sin embargo, la compensación no es solo monetaria; los beneficios no financieros, como seguros de salud, tiempo libre remunerado y planes de retiro, también juegan un papel importante en la satisfacción de los empleados.

Otro factor fundamental en la retención es la gestión del desempeño. Las evaluaciones periódicas del rendimiento, acompañadas de retroalimentación constructiva, son esenciales para que los empleados se sientan apoyados y comprendan claramente lo que se espera de ellos. Los empleados que sienten que su desarrollo profesional es una prioridad para la empresa y que tienen una ruta clara de crecimiento a menudo optan por quedarse a largo plazo.

Finalmente, los líderes deben estar atentos a las señales de insatisfacción entre los empleados. Encuestas de clima laboral y reuniones de retroalimentación son herramientas valiosas para identificar áreas problemáticas antes de que se conviertan en razones para que los empleados abandonen la empresa. Las organizaciones que están dispuestas a escuchar y actuar sobre los comentarios de sus empleados tienen una mayor probabilidad de retener a su talento clave.

El Rol del Líder en la Creación de Equipos de Alto Rendimiento

En la construcción de equipos de alto rendimiento, el papel del líder es fundamental. Un buen líder no solo es capaz de guiar al equipo hacia el cumplimiento de los objetivos, sino que también inspira, motiva y fomenta la cohesión entre los miembros del equipo. Los líderes efectivos entienden que el liderazgo no se trata solo de supervisar el trabajo de los demás, sino de crear un entorno donde cada miembro del equipo pueda prosperar.

La comunicación abierta y honesta es una de las principales responsabilidades de un líder. Los equipos de alto rendimiento se caracterizan por tener una comunicación fluida, donde las ideas y preocupaciones pueden ser expresadas sin temor a represalias. Los líderes deben establecer canales de comunicación claros y estar disponibles para sus equipos, fomentando un diálogo bidireccional que permita resolver problemas de manera rápida y eficiente.

Otro aspecto crítico es la capacidad del líder para fomentar la colaboración y la cohesión dentro del equipo. En lugar de promover la competencia interna, los líderes deben alentar la cooperación y el trabajo en equipo. Los equipos de alto rendimiento suelen estar formados por individuos con diferentes habilidades y experiencias, y el trabajo del líder es asegurarse de que estas diferencias se complementen y no generen conflictos.

El líder también debe ser capaz de tomar decisiones difíciles y gestionar conflictos de manera efectiva. Los desacuerdos son naturales en cualquier equipo, pero la forma en que se manejan puede determinar el éxito o el fracaso del grupo. Los líderes deben ser imparciales y resolver los conflictos de manera que refuercen la unidad del equipo y no creen divisiones.

Finalmente, un buen líder es aquel que predica con el ejemplo. La integridad, la ética y el compromiso con la excelencia son cualidades que inspiran a los miembros del equipo a seguir su ejemplo. Cuando un líder demuestra estos valores en su trabajo diario, los miembros del equipo tienden a adoptar actitudes similares, lo que eleva el rendimiento general del grupo.

Construir y liderar equipos de alto rendimiento es una tarea que requiere una combinación de habilidades estratégicas, interpersonales y de liderazgo. Desde el reclutamiento de talento hasta la retención de los mejores empleados, cada paso es crucial para garantizar que el equipo funcione de manera eficiente y esté alineado con los objetivos de la empresa. Los líderes juegan un papel clave en este proceso, ya que son ellos quienes deben crear un entorno en el que los empleados se sientan valorados, motivados y comprometidos a largo plazo. Al implementar las estrategias descritas en este capítulo, los gerentes generales pueden crear equipos que no solo alcancen altos niveles de rendimiento, sino que también contribuyan al éxito sostenido de la organización.

El éxito de una organización moderna no puede desligarse de la forma en que gestiona su talento, lidera de manera colaborativa, motiva a sus equipos y fomenta una cultura organizacional sólida y coherente. Estos cuatro pilares —gestión de talento, liderazgo colaborativo, motivación de equipos y cultura organizacional— son fundamentales para crear una estructura que no solo funcione bien, sino que prospere en un entorno empresarial cada vez más competitivo y dinámico. A continuación, exploraremos cada uno de estos temas en detalle, con ejemplos prácticos y un enfoque estratégico que permita a los líderes comprender cómo integrarlos para alcanzar un alto rendimiento organizacional.

Gestión de Talento: Estrategias para Identificar y Potenciar el Capital Humano

La gestión de talento es una disciplina estratégica que abarca desde la atracción y selección de personal hasta su desarrollo y retención a largo plazo. En un mundo donde la competencia por los mejores talentos es feroz, la capacidad de gestionar efectivamente el talento dentro de la organización puede significar la diferencia entre el éxito y el fracaso. A menudo se dice que las empresas no crecen únicamente por sus productos o servicios, sino por las personas que están detrás de ellos.

Un ejemplo claro de una gestión de talento efectiva es el modelo adoptado por Google. La empresa no solo se destaca por su tecnología innovadora, sino también por su habilidad para atraer y retener a los mejores profesionales del mundo. Google ha desarrollado un proceso de selección exhaustivo que no se enfoca únicamente en las habilidades técnicas de los candidatos, sino también en su capacidad para adaptarse a la cultura organizacional, para trabajar en equipo y para resolver problemas de manera creativa. Una vez que el talento está dentro de la empresa, Google invierte fuertemente en su desarrollo, ofreciendo oportunidades continuas de aprendizaje y proporcionando un entorno que fomenta la innovación. Este enfoque ha permitido a Google mantener un equipo altamente competente y motivado, que sigue impulsando a la empresa hacia nuevos horizontes.

Sin embargo, la gestión de talento no se trata solo de grandes empresas tecnológicas. En cualquier organización, sin importar su tamaño o industria, una buena gestión de talento implica un enfoque integral que comienza con una clara definición de lo que la empresa necesita. Es crucial que las organizaciones comprendan qué habilidades, actitudes y comportamientos son necesarios para cumplir con los objetivos estratégicos a largo plazo. De este modo, se puede diseñar un proceso de reclutamiento y selección alineado con esas necesidades específicas.

Además, la gestión de talento no termina una vez que se contrata a una persona. El verdadero desafío está en cómo se desarrollan, gestionan y motivan a los empleados dentro de la empresa. Aquí entra en juego la importancia del aprendizaje continuo y la gestión del desempeño. Las organizaciones que invierten en el crecimiento de sus empleados, ya sea mediante programas de capacitación formal, tutoría o proporcionando oportunidades para asumir nuevos desafíos, son las que logran mantener a su talento más comprometido y satisfecho. Un claro ejemplo de ello es la estrategia de Amazon, que invierte fuertemente en la capacitación de sus empleados para que puedan moverse horizontalmente dentro de la organización, adquiriendo nuevas habilidades que no solo benefician a la empresa, sino que también aumentan la satisfacción laboral del personal.

Liderazgo Colaborativo: Un Enfoque de Co-creación y Empoderamiento

El liderazgo colaborativo ha emergido como una de las prácticas más efectivas en la gestión moderna, especialmente en entornos donde la innovación y el trabajo en equipo son fundamentales. A diferencia del liderazgo tradicional, donde las decisiones se toman de manera jerárquica, el liderazgo colaborativo promueve un enfoque en el que los líderes trabajan codo a codo con sus equipos para co-crear soluciones, compartir responsabilidades y fomentar un ambiente de confianza y respeto mutuo.

Un claro ejemplo de liderazgo colaborativo es el modelo adoptado por empresas como Zappos, una tienda en línea conocida por su enfoque en la cultura organizacional y el empoderamiento de sus empleados. En Zappos, el liderazgo no se ejerce de manera autoritaria, sino que los líderes funcionan más como facilitadores, ayudando a los empleados a tomar decisiones y a ser parte activa del proceso de creación y mejora de la empresa. Este tipo de liderazgo fomenta una mayor participación de los empleados en la toma de decisiones, lo que no solo mejora la calidad de las soluciones, sino que también aumenta el compromiso y la satisfacción de los empleados.

El liderazgo colaborativo también se basa en la premisa de que los líderes no tienen todas las respuestas. Al trabajar de manera cercana con sus equipos, los líderes colaborativos fomentan un entorno donde se valoran las ideas y opiniones de todos, sin importar su posición en la jerarquía. Esto no solo mejora la toma de decisiones, sino que también crea un entorno más inclusivo y diverso, donde todos se sienten parte del proceso.

Además, el liderazgo colaborativo implica la delegación efectiva de responsabilidades. En lugar de centralizar todas las decisiones en la figura del líder, este modelo alienta a los empleados a asumir roles de liderazgo en sus áreas de especialización. Un buen ejemplo de esto es el modelo de "equipos autogestionados" implementado por empresas como Spotify. En este tipo de estructura, los equipos tienen una gran autonomía para tomar decisiones dentro de sus áreas, lo que no solo aumenta la eficiencia, sino que también empodera a los empleados y mejora la moral del equipo.

Sin embargo, para que el liderazgo colaborativo sea efectivo, es necesario que los líderes desarrollen habilidades clave como la empatía, la escucha activa y la capacidad para mediar en conflictos. En lugar de ser figuras autoritarias, los líderes colaborativos deben actuar como facilitadores y guías, ayudando a los equipos a alcanzar sus objetivos a través del apoyo y la orientación, más que mediante el control.

Motivación de Equipos: Claves para Mantener el Rendimiento Alto

Motivar a los equipos es una de las tareas más desafiantes para cualquier líder. Un equipo motivado es esencial para alcanzar los objetivos organizacionales, pero la motivación no es algo que se pueda imponer. Debe ser cultivada y sostenida a través de una serie de prácticas estratégicas que se adapten a las necesidades y expectativas de los empleados.

La motivación en los equipos no es homogénea. Cada individuo puede estar motivado por factores diferentes, y los líderes deben ser capaces de identificar y satisfacer estas diversas necesidades. Para algunos empleados, la motivación puede venir de un salario competitivo o de beneficios adicionales, mientras que para otros, el crecimiento personal y las oportunidades de aprendizaje continuo son más importantes.

Un ejemplo de cómo una empresa puede motivar a sus equipos es el enfoque utilizado por Netflix. En lugar de seguir el enfoque tradicional de horarios rígidos y control de horas trabajadas, Netflix ofrece una política de "vacaciones ilimitadas", donde los empleados pueden tomar tiempo libre siempre que cumplan con sus objetivos. Este enfoque confía en que los empleados son responsables y autónomos, lo que no solo aumenta la satisfacción laboral, sino que también reduce el estrés y mejora el equilibrio entre el trabajo y la vida personal. Este tipo de motivación no financiera puede ser extremadamente poderosa, especialmente en industrias donde la creatividad y la innovación son claves para el éxito.

Otra estrategia importante en la motivación de equipos es el reconocimiento y la recompensa del buen desempeño. Las personas desean que se reconozca su esfuerzo y que se les valore por sus contribuciones. No siempre es necesario que las recompensas sean monetarias; el reconocimiento público, las oportunidades de desarrollo y los premios simbólicos pueden ser igualmente efectivos. Empresas como Salesforce son conocidas por sus prácticas de reconocimiento, donde los empleados que logran grandes resultados son celebrados y premiados públicamente, creando una cultura de motivación colectiva.

Los líderes también pueden fomentar la motivación proporcionando un entorno de trabajo estimulante y retador. Los empleados que sienten que están creciendo y enfrentando nuevos desafíos son más propensos a estar motivados. Esto implica dar a los empleados la oportunidad de asumir nuevas responsabilidades, participar en proyectos importantes y contribuir a la toma de decisiones. Un ejemplo claro de esto es el programa de desarrollo de liderazgo de General Electric (GE), donde los empleados de alto potencial son seleccionados para participar en proyectos clave que tienen un impacto directo en la estrategia de la empresa. Estos proyectos no solo desafían a los empleados, sino que también les proporcionan visibilidad y oportunidades de crecimiento dentro de la organización.

Cultura Organizacional: El Corazón de una Empresa Exitosamente Motivada

La cultura organizacional es uno de los activos más valiosos de una empresa y, a menudo, es lo que diferencia a las empresas exitosas de las que fracasan. La cultura organizacional puede definirse como el conjunto de valores, creencias y comportamientos que guían la forma en que las personas trabajan y se relacionan dentro de una organización. Una cultura organizacional sólida y positiva es la que crea un ambiente de trabajo donde los empleados se sienten valorados, respetados y alineados con los objetivos de la empresa.

Un ejemplo de una cultura organizacional bien desarrollada es el de Patagonia, la empresa de ropa para actividades al aire libre. Patagonia ha construido una cultura que no solo se centra en el rendimiento financiero, sino también en la responsabilidad ambiental y social. La empresa fomenta una cultura de responsabilidad compartida, donde los empleados están empoderados para tomar decisiones que beneficien tanto a la empresa como al planeta. Esta fuerte identidad cultural no solo ha atraído a clientes leales, sino que también ha creado una fuerza laboral altamente comprometida, que comparte los valores de la empresa.

Sin embargo, la creación de una cultura organizacional sólida no ocurre de la noche a la mañana. Requiere tiempo, esfuerzo y, sobre todo, coherencia. Los líderes deben ser los guardianes de la cultura, asegurándose de que los valores de la empresa sean claros y se reflejen en cada aspecto del negocio, desde las políticas de recursos humanos hasta la comunicación externa.

Una cultura organizacional fuerte también promueve la inclusión y la diversidad. Las empresas que valoran y promueven la diversidad, no solo en términos de género y etnicidad, sino también en experiencias y perspectivas, son más innovadoras y adaptables. Un buen ejemplo de esto es el enfoque adoptado por Unilever, una empresa que ha hecho de la diversidad y la inclusión una prioridad en su estrategia organizacional. Unilever ha implementado políticas y prácticas para garantizar que su fuerza laboral sea diversa, lo que ha llevado a una mayor innovación y a una mejor comprensión de sus mercados globales.

Finalmente, una cultura organizacional fuerte debe estar alineada con los objetivos estratégicos de la empresa. Las organizaciones exitosas son aquellas donde la cultura no es solo un conjunto de palabras en un papel, sino algo que guía las acciones diarias de cada empleado. Esto se puede ver claramente en empresas como Southwest Airlines, donde la cultura de servicio al cliente es tan fuerte que ha impulsado a la compañía a convertirse en una de las aerolíneas más exitosas del mundo.

La gestión de talento, el liderazgo colaborativo, la motivación de equipos y la cultura organizacional son cuatro pilares fundamentales que todas las empresas deben dominar para tener éxito en el competitivo mundo empresarial actual. La capacidad de atraer, desarrollar y retener talento, de liderar de manera inclusiva y colaborativa, de mantener a los equipos motivados y de construir una cultura organizacional fuerte y coherente son factores que determinan el éxito a largo plazo.

A través de ejemplos de empresas como Google, Zappos, Netflix y Patagonia, es evidente que las organizaciones que priorizan estos pilares son las que logran un alto rendimiento sostenido y un crecimiento continuo. Estos enfoques no solo ayudan a las empresas a alcanzar sus objetivos estratégicos, sino que también crean entornos donde los empleados se sienten valorados, motivados y comprometidos con el éxito a largo plazo.

CAPÍTULO 4: INNOVACIÓN Y ADAPTABILIDAD EN TIEMPOS DE CAMBIO

En el panorama empresarial actual, caracterizado por la rapidez y la volatilidad, la innovación y la adaptabilidad no son una opción, sino una necesidad imperativa. A lo largo de la historia, los líderes que han sabido mantenerse en la cima lo han logrado no solo porque poseían una visión clara y estratégica, sino porque han tenido la capacidad de adaptar esa visión a las realidades cambiantes del entorno. Los avances tecnológicos, las fluctuaciones económicas y las cambiantes preferencias de los consumidores exigen una mentalidad empresarial flexible, dispuesta a cambiar, probar, fallar y mejorar continuamente.

Como gerente general, tu capacidad de liderar a tu equipo en medio de la incertidumbre depende de cómo fomentas la innovación y mantienes una cultura que no solo acepta, sino que abraza el cambio. Hoy más que nunca, las empresas que permanecen rígidas y apegadas a sus viejos modelos de negocio corren el riesgo de volverse irrelevantes en cuestión de años, si no meses. Este capítulo tiene como objetivo proporcionarte las herramientas y estrategias necesarias para liderar en tiempos de cambio y guiar a tu organización hacia un futuro próspero, sin importar las circunstancias externas.

La cultura de la innovación como motor del éxito

La innovación no es simplemente el acto de inventar algo nuevo; es la disposición de cuestionar lo que ya existe, encontrar maneras de mejorarlo y descubrir nuevas oportunidades donde otros ven obstáculos. Una cultura de innovación se construye desde arriba, y como líder, tienes la responsabilidad de ser el principal promotor de esta mentalidad. Si tu equipo percibe que los cambios son algo a lo que temer o que las ideas fuera de lo común no serán escuchadas, la innovación se extinguirá antes de que tenga siquiera la oportunidad de florecer.

Para fomentar una cultura de innovación en tu organización, es esencial que primero elimines el miedo al fracaso. El miedo es uno de los mayores enemigos de la creatividad. Si los empleados sienten que una idea que no funciona podría poner en peligro su reputación o su posición, estarán menos inclinados a asumir riesgos. La innovación requiere un ambiente de seguridad psicológica, donde se fomente el aprendizaje a partir de los errores. Es crucial que, como líder, promuevas el entendimiento de que cada fallo es una oportunidad de crecimiento y que los mayores avances empresariales a menudo surgen de lo que no funcionó en un principio.

Además, debes asegurarte de que los canales de comunicación dentro de la empresa estén abiertos y sean accesibles para todos. Las ideas más brillantes a menudo provienen de los lugares menos esperados: el empleado en atención al cliente que detecta patrones en las quejas de los consumidores, el técnico que observa ineficiencias en el proceso de producción, o incluso el equipo de ventas que se enfrenta a las barreras del mercado día tras día. Alentar el flujo libre de ideas y opiniones no solo fomenta la innovación, sino que también crea un sentido de pertenencia y compromiso, ya que los empleados sienten que su voz tiene peso dentro de la organización.

Cómo gestionar la innovación: procesos y sistemas

La innovación no puede depender únicamente de momentos espontáneos de creatividad. Para que sea efectiva y constante, debe estar respaldada por procesos y sistemas que la impulsen de manera organizada. Como gerente general, tu responsabilidad es crear las condiciones estructurales que permitan que las ideas se materialicen en resultados tangibles.

Un enfoque práctico es establecer equipos multifuncionales dedicados a la innovación. Estos equipos deben estar compuestos por miembros de diferentes departamentos, con diversas experiencias y perspectivas. La diversidad de pensamiento es un catalizador clave de la innovación, y cuando las personas con distintos conocimientos y habilidades colaboran, se logran soluciones más creativas y efectivas.

Además, los equipos de innovación deben tener la libertad de trabajar fuera de las restricciones burocráticas tradicionales. Esto significa que deben contar con recursos, tiempo y autonomía para experimentar y llevar a cabo proyectos pilotos que puedan probar nuevas ideas sin la presión de generar resultados inmediatos. Un líder inteligente sabe que la inversión en innovación no siempre tendrá un retorno inmediato, pero es un gasto necesario para la longevidad y competitividad de la empresa.

Para que la innovación no se quede solo en el nivel conceptual, es crucial que también implementes sistemas que faciliten el seguimiento y la ejecución de ideas. Aquí, la tecnología juega un papel esencial. Herramientas como software de gestión de proyectos, plataformas de colaboración y sistemas de análisis de datos pueden ayudar a gestionar el progreso de los esfuerzos innovadores y medir su impacto en la organización. La innovación debe ser un proceso estructurado, pero con la flexibilidad suficiente para adaptarse y evolucionar rápidamente según los resultados.

La adaptabilidad como ventaja competitiva

Si bien la innovación impulsa el crecimiento a largo plazo, la adaptabilidad es lo que garantiza la supervivencia a corto y mediano plazo. La capacidad de adaptarse a las disrupciones del mercado, ya sean tecnológicas, económicas o sociales, es lo que diferencia a una empresa resiliente de una que simplemente sigue el curso de los acontecimientos.

Como gerente general, debes estar preparado para tomar decisiones rápidas y bien fundamentadas cuando las circunstancias cambian abruptamente.

Un claro ejemplo de la necesidad de adaptabilidad lo vimos durante la pandemia de COVID-19, donde las empresas tuvieron que transformar sus operaciones prácticamente de la noche a la mañana. Las que ya contaban con una estructura flexible, capaz de adaptarse al trabajo remoto o de modificar rápidamente su oferta de productos y servicios, fueron las que sobrevivieron e incluso prosperaron durante el período más incierto. Este tipo de agilidad no surge de la noche a la mañana; debe ser cultivada y practicada continuamente.

Para que tu empresa sea verdaderamente adaptable, es fundamental que integres el análisis de riesgos y oportunidades como parte integral de tu estrategia empresarial. Esto significa monitorear constantemente las tendencias del mercado, estar al tanto de los avances tecnológicos que podrían afectar tu industria y mantener una visión clara de las amenazas que podrían surgir. A través del análisis proactivo, puedes identificar posibles disrupciones antes de que se conviertan en problemas y prepararte adecuadamente.

La adaptabilidad también implica tener una estructura organizacional que sea lo suficientemente flexible para ajustarse a las nuevas demandas. Muchas empresas todavía operan bajo jerarquías rígidas que ralentizan la toma de decisiones y obstaculizan la capacidad de respuesta rápida. Como líder, debes estar dispuesto a reconsiderar el modelo organizacional de tu empresa, eliminando barreras innecesarias y permitiendo que los equipos tomen decisiones de manera ágil. Empoderar a tus empleados para que respondan con rapidez a los cambios del mercado no solo mejora la adaptabilidad de la organización, sino que también genera un sentido de propiedad y responsabilidad en todos los niveles.

La tecnología como catalizador del cambio

La disrupción tecnológica es, sin lugar a dudas, uno de los mayores desafíos que enfrentan las empresas modernas. Cada día surgen nuevas herramientas, plataformas y soluciones que tienen el potencial de transformar industrias enteras. Como líder, es esencial que no veas a la tecnología simplemente como un componente más de tu estrategia, sino como un verdadero catalizador del cambio.

El problema que muchas empresas enfrentan es que tienden a adoptar tecnologías de manera reactiva, es decir, solo después de que la competencia ya lo ha hecho o cuando se sienten forzadas a hacerlo para mantenerse a flote. Esto crea una mentalidad de "persecución" que pone a las empresas en desventaja. En lugar de eso, los líderes deben estar constantemente buscando nuevas tecnologías que puedan dar a su organización una ventaja competitiva. No se trata solo de implementar tecnología por el simple hecho de estar al día, sino de encontrar herramientas que optimicen los procesos, mejoren la experiencia del cliente o abran nuevas líneas de negocio.

Un área clave donde la tecnología está impulsando el cambio es el análisis de datos. Las empresas que logran aprovechar sus datos para tomar decisiones informadas son las que mejor se adaptan a los cambios del mercado. Implementar sistemas de análisis de datos avanzados te permite predecir tendencias, identificar patrones y ajustar tu estrategia en tiempo real. Pero el análisis de datos solo es útil si se acompaña de una cultura organizacional que valore la toma de decisiones basada en datos. Debes asegurarte de que tu equipo esté capacitado para interpretar estos datos y que tengan la libertad de actuar en función de la información obtenida.

Por otro lado, la inteligencia artificial (IA) y la automatización están redefiniendo las operaciones en todas las industrias. Desde la optimización de cadenas de suministro hasta la personalización masiva de experiencias del cliente, la IA puede aumentar exponencialmente la eficiencia y la eficacia de una empresa. Sin embargo, también es importante recordar que la tecnología no puede reemplazar por completo la toma de decisiones humanas. Los líderes deben saber cuándo confiar en la tecnología y cuándo recurrir a su propia experiencia, juicio y empatía para guiar a la organización a través de momentos de incertidumbre.

Liderazgo en tiempos de cambio: motivar y guiar

Ser un líder en tiempos de cambio no es tarea fácil. La incertidumbre puede generar ansiedad en los equipos, y tu papel es ser el faro que guía a la organización a través de las aguas turbulentas. Aquí es donde tu capacidad de comunicación y empatía se vuelve fundamental. Los empleados deben saber que, aunque los tiempos sean inciertos, cuentan con un líder que tiene una visión clara, un plan flexible y la voluntad de adaptar ese plan según sea necesario.

La transparencia es una de las armas más poderosas en tu arsenal de liderazgo. Cuando enfrentas cambios, ya sean internos o externos, es esencial que mantengas a tu equipo informado. La incertidumbre alimenta los rumores y la especulación, lo que puede erosionar la moral y la confianza. Sé honesto sobre los desafíos que enfrenta la organización, pero también ofrece una visión optimista de cómo se abordarán esos desafíos. Las personas buscan estabilidad en sus líderes, y si sienten que estás al mando con seguridad y claridad, estarán más dispuestas a adaptarse y a trabajar contigo para superar los obstáculos.

Es igualmente importante motivar a tu equipo para que abrace el cambio en lugar de resistirlo. Fomenta una mentalidad de crecimiento, donde los empleados vean los cambios como oportunidades para aprender y desarrollarse. Proporciona los recursos y la formación necesarios para que puedan adaptarse a nuevas tecnologías, procesos o formas de trabajar. Un equipo que se sienta preparado para el cambio será más resiliente y capaz de afrontar los desafíos con una actitud positiva.

En el entorno empresarial actual, el cambio es la única constante. Como gerente general, tu capacidad para liderar con éxito en tiempos de disrupción depende de tu habilidad para fomentar la innovación y mantener una organización ágil y adaptable. Al adoptar una cultura de innovación, crear sistemas que promuevan el cambio y aprovechar la tecnología como un catalizador, puedes guiar a tu empresa no solo a sobrevivir, sino a prosperar frente a la incertidumbre. Recuerda, los líderes más exitosos no son aquellos que evitan el cambio, sino aquellos que lo abrazan y lo utilizan como una oportunidad para crecer.

La innovación, la agilidad empresarial, el liderazgo en tiempos de crisis y el cambio organizacional son conceptos que están interrelacionados y que se han convertido en los pilares fundamentales para que las empresas prosperen en un entorno en constante transformación. En este nuevo mundo empresarial, las organizaciones que no se adaptan, que no abrazan la innovación o que no cuentan con líderes que sepan gestionar momentos de incertidumbre, corren el riesgo de quedarse atrás. Vamos a explorar cómo estos cuatro temas clave no solo son esenciales para el éxito de una empresa moderna, sino cómo se pueden aplicar de manera práctica para generar valor en las organizaciones.

Innovación: El Motor del Progreso

La innovación es, sin duda, uno de los motores principales del progreso en cualquier organización. Sin ella, una empresa está condenada a la irrelevancia. Sin embargo, muchas empresas todavía ven la innovación como un lujo, algo que solo pueden permitirse cuando tienen tiempo o recursos. Este enfoque es peligroso porque la innovación no es algo opcional; es una necesidad continua, especialmente en mercados competitivos y saturados.

Un ejemplo claro de la importancia de la innovación lo podemos ver en la industria de la tecnología. Tomemos a Apple, por ejemplo. A lo largo de los años, Apple ha demostrado que la innovación constante es la clave para mantenerse relevante y competitiva. Desde el lanzamiento del iPhone en 2007, Apple ha seguido introduciendo mejoras y productos que han cambiado no solo la industria tecnológica, sino también la forma en que las personas interactúan con la tecnología. El iPhone no fue simplemente un nuevo teléfono; fue un cambio de paradigma en la manera en que la sociedad percibe y utiliza los dispositivos móviles. Apple invirtió en crear no solo un producto, sino un ecosistema completo que fomentara la lealtad de sus clientes y estableciera una nueva norma en el mercado. Su enfoque en la innovación continua ha permitido a la compañía seguir siendo líder, mientras que otros competidores que no han innovado de la misma manera han quedado rezagados.

La innovación no siempre tiene que ser radical o disruptiva; también puede ser incremental. Muchas veces, los pequeños cambios, las mejoras en los procesos o los ajustes en los productos pueden generar un impacto significativo en la rentabilidad de la empresa. Por ejemplo, Toyota, una de las compañías automotrices más grandes del mundo, ha sido pionera en la implementación de un sistema de mejora continua llamado Kaizen. Este enfoque se centra en realizar pequeñas mejoras constantes en todos los aspectos de la operación, desde la línea de ensamblaje hasta la gestión de recursos humanos. A lo largo de los años, el enfoque Kaizen ha permitido a Toyota reducir costos, mejorar la calidad de sus productos y mantenerse competitiva en un mercado global cambiante.

Por lo tanto, la innovación debe ser un proceso constante y sistemático dentro de cualquier organización. Como líder, tu responsabilidad es no solo promover la innovación, sino también crear un entorno que la facilite. Esto implica incentivar a los empleados a que propongan nuevas ideas, proporcionar los recursos necesarios para experimentarlas y no castigar el fracaso, sino aprender de él. Las organizaciones innovadoras no son aquellas que simplemente tienen buenas ideas, sino aquellas que saben ejecutar esas ideas de manera efectiva y aprender de los resultados, sean estos positivos o negativos.

Agilidad Empresarial: Adaptarse para Sobrevivir

La agilidad empresarial es otro concepto esencial en el mundo moderno. Una empresa ágil es aquella que puede adaptarse rápidamente a los cambios en el mercado, que puede modificar su estrategia en función de nuevas oportunidades o amenazas, y que no se ve atrapada por estructuras rígidas o jerárquicas que dificultan la toma de decisiones.

La pandemia de COVID-19 fue un ejemplo claro de cómo la agilidad empresarial se convirtió en un factor decisivo para la supervivencia de muchas empresas. Mientras que algunas organizaciones se vieron paralizadas por la crisis, otras lograron adaptarse rápidamente a las nuevas circunstancias. Un caso emblemático es el de Zoom. Antes de la pandemia, Zoom era una plataforma de videoconferencia más en un mercado relativamente pequeño y competitivo. Sin embargo, cuando la pandemia obligó a millones de personas a trabajar desde casa, Zoom respondió rápidamente, adaptando su infraestructura para manejar un aumento exponencial en la demanda y mejorando su plataforma para hacerla más accesible y eficiente para los usuarios. Su agilidad no solo le permitió sobrevivir durante la pandemia, sino que se convirtió en una de las plataformas más utilizadas y reconocidas a nivel mundial.

Por otro lado, empresas que no fueron ágiles en su respuesta a la pandemia sufrieron las consecuencias. Un ejemplo es la industria del cine y los cines en particular. Muchas cadenas de cines se vieron en dificultades para adaptarse a la nueva realidad en la que las personas ya no podían asistir a las salas. Empresas como AMC, que no fueron capaces de moverse con rapidez para ofrecer alternativas como la transmisión en línea o modelos híbridos, enfrentaron grandes pérdidas y desafíos financieros. Por el contrario, empresas como Disney, que rápidamente adaptaron su modelo de negocio para centrarse en el streaming con Disney+, lograron mantener su relevancia y prosperar a pesar de la crisis global.

La lección aquí es clara: las organizaciones ágiles son aquellas que tienen la capacidad de adaptarse rápidamente a cambios imprevistos. La agilidad no es solo cuestión de tener la infraestructura tecnológica adecuada, sino también de contar con una estructura organizativa flexible. Los líderes deben empoderar a sus equipos para tomar decisiones rápidamente y fomentar una cultura de toma de riesgos calculada. Esto puede implicar la descentralización de la toma de decisiones o la eliminación de niveles jerárquicos innecesarios que ralentizan el proceso de adaptación. Como líder, es fundamental que promuevas una mentalidad de agilidad en todos los niveles de la organización, desde la alta dirección hasta el personal de primera línea.

Liderazgo en Tiempos de Crisis: El Desafío Definitivo

El verdadero liderazgo se pone a prueba en tiempos de crisis. Cuando las cosas van bien, es fácil ser un buen líder. Sin embargo, es en momentos de incertidumbre, cuando los desafíos parecen insuperables y el futuro es incierto, que los líderes efectivos se destacan. Ser un buen líder en tiempos de crisis no se trata solo de tomar decisiones rápidas, sino de saber mantener la calma, comunicar con claridad y guiar a tu equipo a través de las dificultades con confianza y determinación.

Un excelente ejemplo de liderazgo en tiempos de crisis es el de Winston Churchill durante la Segunda Guerra Mundial. En un momento en que Gran Bretaña se encontraba al borde de la invasión nazi, con el país sumido en el miedo y la incertidumbre, Churchill fue capaz de inspirar confianza y resiliencia en la población. Su famoso discurso "Nunca nos rendiremos" no solo levantó la moral de la nación, sino que también consolidó su liderazgo. Lo que hizo a Churchill tan efectivo no fue solo su capacidad para tomar decisiones estratégicas, sino su habilidad para comunicar de manera clara, directa y emocional, mostrando tanto la gravedad de la situación como la esperanza en el futuro. Este equilibrio entre realismo y optimismo es una cualidad clave que todos los líderes deben cultivar durante tiempos de crisis.

En el mundo empresarial, un ejemplo de liderazgo en tiempos de crisis es el caso de Howard Schultz, ex CEO de Starbucks. Durante la crisis financiera de 2008, Starbucks, como muchas empresas, enfrentó graves dificultades económicas. Schultz, quien había dejado su puesto de CEO unos años antes, volvió a tomar el mando de la empresa en medio de la crisis. En lugar de centrarse únicamente en recortes de costos, Schultz priorizó la recuperación de la cultura de la compañía y la experiencia del cliente, cerrando temporalmente miles de tiendas para volver a capacitar a los empleados y asegurarse de que Starbucks volviera a su enfoque en la calidad del producto y la experiencia del cliente. Fue una decisión arriesgada, pero finalmente resultó en una recuperación exitosa para la empresa.

Los líderes en tiempos de crisis deben ser capaces de tomar decisiones difíciles, a menudo con información incompleta o cambiante. Sin embargo, tan importante como la toma de decisiones es la capacidad de comunicar esas decisiones de manera efectiva. La transparencia es clave. Los empleados, clientes y otros grupos de interés necesitan entender no solo lo que se está haciendo, sino por qué se está haciendo. Esto genera confianza y minimiza la incertidumbre dentro de la organización.

Otro aspecto esencial del liderazgo en tiempos de crisis es la empatía. Durante una crisis, las personas están lidiando con estrés, ansiedad y miedo. Los líderes deben ser capaces de ponerse en el lugar de sus empleados y de los clientes, comprendiendo sus preocupaciones y necesidades, y ajustando sus acciones en consecuencia. Esto no significa ser menos firme o tomar decisiones menos estratégicas, sino ser consciente del impacto humano de esas decisiones.

Cambio Organizacional: La Única Constante

Si hay algo que todas las organizaciones deben aceptar es que el cambio es inevitable. Ya sea impulsado por la innovación, la necesidad de adaptarse a nuevas circunstancias o la respuesta a una crisis, el cambio es la única constante en el mundo empresarial. Sin embargo, muchas organizaciones fallan al implementar cambios porque no logran gestionar el proceso de manera adecuada.

Uno de los mayores obstáculos para el cambio organizacional es la resistencia interna. Las personas, por naturaleza, tienden a resistirse al cambio, especialmente cuando están cómodas con el status quo. Esta resistencia puede ser un desafío importante para los líderes, y es su responsabilidad superarla de manera efectiva.

Un ejemplo instructivo de cómo gestionar el cambio organizacional es el caso de Microsoft bajo el liderazgo de Satya Nadella. Cuando Nadella asumió el cargo de CEO en 2014, Microsoft estaba estancada, perdiendo relevancia frente a competidores más ágiles e innovadores como Apple y Google. Nadella implementó un cambio radical en la cultura de la empresa, pasando de un enfoque competitivo interno a una cultura de colaboración y aprendizaje. Bajo su liderazgo, Microsoft no solo cambió su enfoque hacia la nube y la inteligencia artificial, sino que también transformó su cultura organizacional para fomentar la innovación y la agilidad. Este cambio no fue fácil, y Nadella enfrentó resistencia interna, pero su enfoque en la comunicación clara y el liderazgo empático ayudaron a transformar Microsoft en una de las compañías más valiosas del mundo.

El cambio organizacional debe ser gestionado de manera estructurada, pero también con flexibilidad. Los líderes deben tener una visión clara del destino al que quieren llegar, pero también deben estar dispuestos a ajustar el camino según sea necesario. Además, es crucial involucrar a todas las partes de la organización en el proceso de cambio. Cuando los empleados sienten que son parte del proceso, es más probable que se alineen con los nuevos objetivos y adopten los cambios con menos resistencia.

La innovación, la agilidad empresarial, el liderazgo en tiempos de crisis y el cambio organizacional son temas clave que cualquier gerente general debe dominar para llevar su empresa al éxito en el entorno empresarial moderno. La innovación es el motor que impulsa el progreso, la agilidad permite a las empresas adaptarse rápidamente a las nuevas circunstancias, el liderazgo en tiempos de crisis garantiza que la organización sobreviva y prospere en momentos de incertidumbre, y el cambio organizacional es el proceso inevitable que permite a las empresas evolucionar y crecer. Como líder, tu capacidad para entender y aplicar estos conceptos será determinante en el éxito de tu organización.

Tema Clave	Desafíos Futuros
Innovación	- Fomentar una cultura de innovación continua, más allá de los proyectos aislados.
	- Implementar sistemas y procesos para capturar, evaluar y ejecutar ideas innovadoras.
	- Mantenerse al día con las disrupciones tecnológicas y adaptarlas rápidamente.
	- Balancear la innovación incremental con la necesidad de apuestas disruptivas que transformen el negocio.
	- Manejar la resistencia interna a los cambios radicales en productos o servicios.
Agilidad Empresarial	- Desarrollar estructuras organizacionales flexibles que permitan una rápida toma de decisiones.
	- Capacitar a los equipos para que respondan con agilidad a nuevas oportunidades o amenazas.

	- Crear una cultura de adaptación y respuesta proactiva al cambio en todos los niveles de la organización.
	- Evitar que los procesos burocráticos limiten la capacidad de adaptación rápida ante cambios del mercado o regulaciones.
	- Prepararse para eventos inesperados (crisis económicas, pandemias, disrupciones tecnológicas) mediante planificación de contingencias efectivas.
Liderazgo en Tiempos de Crisis	- Gestionar crisis con claridad, transparencia y empatía, manteniendo la calma y enfocándose en soluciones rápidas.
	- Desarrollar habilidades de comunicación para transmitir mensajes claros y concisos, evitando la confusión y el pánico.
	- Equilibrar las decisiones a corto plazo con una visión de largo plazo, sin perder el enfoque estratégico durante momentos críticos.
	- Proteger la moral y cohesión del equipo mientras se gestionan despidos, recortes u otros impactos difíciles en la organización.

	- Estar preparado para liderar en entornos de incertidumbre, donde la información es incompleta o cambiante.
Cambio Organizacional	- Superar la resistencia al cambio, creando una cultura en la que se vea como una oportunidad en lugar de una amenaza.
	- Gestionar eficazmente el proceso de cambio, asegurando una transición suave en la adopción de nuevas tecnologías, procesos o estructuras.
	- Involucrar a todos los niveles de la organización en la planificación y ejecución del cambio para lograr una mayor aceptación.
	- Garantizar que los cambios estratégicos se implementen de manera ágil y efectiva sin perder de vista los objetivos a largo plazo.
	- Mantener una comunicación constante y clara con los empleados para reducir la incertidumbre y el miedo durante períodos de transformación.

CAPÍTULO 5: COMUNICACIÓN EFECTIVA PARA LÍDERES

En el vertiginoso mundo empresarial de hoy, la comunicación efectiva se ha convertido en una habilidad no negociable para cualquier líder que aspire a llevar su organización al éxito. Desde el CEO hasta los niveles más operativos de una empresa, la claridad, transparencia y capacidad de influir a través de la palabra es un factor determinante para el buen funcionamiento de cualquier compañía. Un líder que comunica eficazmente no solo transmite información, sino que inspira, motiva y alinea a su equipo en torno a una visión compartida. Este capítulo se centrará en cómo los gerentes generales pueden perfeccionar sus habilidades de comunicación para garantizar que sus mensajes se entiendan claramente en todos los niveles de la organización, impulsando la transparencia y fortaleciendo su influencia.

La Importancia de la Comunicación desde la Alta Dirección

La alta dirección tiene la responsabilidad de definir la visión y estrategia de la empresa, y esa visión debe ser transmitida de manera coherente y persuasiva a todos los niveles. Un liderazgo efectivo no solo se basa en la formulación de estrategias geniales, sino en la capacidad de articular esas estrategias de tal manera que cada miembro de la organización las comprenda, las internalice y las convierta en acción. Aquí es donde muchos líderes fallan; pueden tener un plan brillante, pero si no logran comunicarlo de manera efectiva, ese plan está destinado a quedar en papel, sin materializarse.

La comunicación en una empresa no es un proceso unidireccional; no se trata simplemente de emitir órdenes o distribuir información. Se trata de crear un diálogo constante que facilite el entendimiento y el compromiso. En una era donde la transformación digital, la globalización y los cambios rápidos en el mercado son la norma, las empresas necesitan líderes que puedan comunicar con claridad, incluso en situaciones complejas o inciertas. Los colaboradores buscan dirección, guía y contexto. Quieren entender no solo lo que deben hacer, sino por qué lo están haciendo y cómo sus esfuerzos individuales encajan en el panorama general.

Tácticas para Mejorar la Transparencia

La transparencia en la comunicación es fundamental para construir confianza y credibilidad en una organización. Un líder que se comunica de manera abierta y honesta genera un ambiente de seguridad psicológica, donde los empleados se sienten valorados y respetados. Para muchos líderes, sin embargo, la transparencia puede resultar un desafío. La tentación de ocultar ciertos aspectos de la realidad corporativa, ya sea por temor a generar ansiedad o por la ilusión de mantener el control, puede ser fuerte. Sin embargo, la falta de transparencia casi siempre genera efectos negativos a largo plazo: rumores, desconfianza, e incluso la falta de compromiso por parte del equipo.

¿Cómo se puede entonces mejorar la transparencia como líder? Primero, es importante establecer una cultura de la verdad desde la alta dirección. Esto significa no solo ser honesto acerca de las buenas noticias, sino también ser franco sobre los desafíos y problemas que enfrenta la empresa. Un líder transparente es aquel que no oculta las dificultades, pero al mismo tiempo, es capaz de señalar las oportunidades y soluciones que se están implementando para superarlas. Compartir las dificultades no debilita la posición de un líder, por el contrario, demuestra autenticidad y valentía.

Segundo, es fundamental evitar la "comunicación vertical" limitada, es decir, aquella que fluye solo de arriba hacia abajo. Un líder transparente se asegura de que la comunicación fluya en todas direcciones, promoviendo un entorno donde los colaboradores puedan expresar sus ideas, preocupaciones y sugerencias. Fomentar esta retroalimentación bidireccional no solo incrementa la confianza, sino que también permite a los líderes obtener una perspectiva más clara de lo que realmente está ocurriendo en los niveles inferiores de la organización.

Por último, la transparencia no se trata solo de palabras. También implica acciones. Un líder debe ser coherente en lo que dice y hace. Si bien puede ser fácil predicar valores como la honestidad, la integridad o la responsabilidad, estos conceptos deben ser evidentes en el comportamiento diario del líder. Nada socava más la confianza que un líder que dice una cosa y hace otra.

La Comunicación como Herramienta de Influencia

La capacidad de un líder para influir en su equipo a menudo depende de su habilidad para comunicar de manera persuasiva. La influencia no se trata simplemente de imponer ideas, sino de convencer a las personas de que tomen acción porque creen en la visión que se les ha presentado. Aquí radica una de las diferencias clave entre un buen líder y un gran líder: el gran líder no solo es claro en su comunicación, sino que es persuasivo, inspirador y movilizador.

Uno de los aspectos fundamentales de la influencia en la comunicación es la coherencia entre el mensaje y la ejecución. Un líder que busca influir debe ser visto como alguien que vive los valores que predica. Cuando los colaboradores observan que un líder no solo habla de excelencia, sino que también la practica, el impacto de sus palabras es mucho mayor. La congruencia entre lo que un líder dice y lo que hace amplifica su capacidad para influir positivamente en la organización.

Otra táctica clave es adaptar el estilo de comunicación según el público. No todos los empleados responden de la misma manera a los mismos mensajes. Un líder eficaz es capaz de leer a su audiencia y ajustar su enfoque de acuerdo a las necesidades y preferencias del grupo. Mientras que algunos equipos pueden necesitar más detalles y explicaciones, otros pueden preferir mensajes directos y motivadores. Entender este matiz y saber cuándo cambiar el tono o la estructura del mensaje puede hacer una gran diferencia en la forma en que se recibe y se ejecuta la información.

Asimismo, la narración de historias (storytelling) es una herramienta poderosa para influir. Contar historias reales que resalten experiencias personales o momentos clave de la empresa puede hacer que los mensajes sean más memorables y significativos. Cuando las personas conectan emocionalmente con una historia, es más probable que se sientan inspiradas a actuar. Un líder que utiliza ejemplos concretos, situaciones vividas o anécdotas para comunicar una idea, logra que su mensaje resuene de manera más profunda.

Superar los Desafíos de la Comunicación en la Alta Dirección

Ser un líder eficaz en términos de comunicación no está exento de desafíos. Desde la presión del tiempo hasta la complejidad de los temas que se deben abordar, los líderes se enfrentan a obstáculos constantes cuando tratan de comunicarse de manera clara y efectiva. Sin embargo, con las estrategias adecuadas, estos desafíos pueden superarse.

Uno de los mayores desafíos que enfrentan los líderes es la "saturación informativa". Con la cantidad de correos electrónicos, reuniones, informes y comunicaciones digitales que atraviesan una organización todos los días, los mensajes clave pueden perderse fácilmente. Para superar este obstáculo, los líderes deben aprender a priorizar sus comunicaciones. No todos los mensajes necesitan ser comunicados en el mismo nivel de detalle, y es importante distinguir entre lo que es crucial y lo que es secundario. Establecer canales claros y bien estructurados para los distintos tipos de información puede ser una forma eficaz de asegurarse de que el mensaje correcto llegue a la persona adecuada en el momento adecuado.

Otro reto común es el temor a la mala interpretación o el conflicto. Cuando un líder se enfrenta a la necesidad de comunicar una noticia difícil, como recortes de personal o la caída de ingresos, el miedo a las reacciones negativas puede paralizar la comunicación. No obstante, evitar o endulzar la verdad casi siempre es contraproducente. En lugar de eludir estas conversaciones difíciles, los líderes deben enfrentarlas con valentía, asegurándose de proporcionar el contexto completo y dejando espacio para preguntas y aclaraciones. La transparencia, incluso en tiempos difíciles, es el camino hacia la credibilidad a largo plazo.

Además, la globalización y la expansión digital han generado organizaciones más diversas, tanto en términos de cultura como de geografía. Los líderes ahora deben enfrentarse a la barrera del lenguaje, la diferencia en zonas horarias y diversas formas de comunicación no verbal que pueden variar de una cultura a otra. Para superar esto, es importante que los líderes desarrollen una sensibilidad cultural, adaptando sus mensajes a las particularidades de los distintos públicos y utilizando herramientas digitales que faciliten la interacción en tiempo real, sin importar la ubicación geográfica.

La Comunicación como Base del Liderazgo Inspirador

Un líder verdaderamente efectivo sabe que la comunicación no es solo una herramienta para transmitir información, sino el pilar sobre el cual se construye el liderazgo inspirador. Las palabras tienen un poder increíble cuando se usan con maestría. Un discurso motivacional en el momento adecuado puede revitalizar a un equipo fatigado. Un mensaje claro y conciso puede generar confianza en tiempos de incertidumbre. Y una conversación empática puede transformar la relación entre un líder y sus empleados.

Es esencial que los líderes desarrollen la habilidad de comunicar su visión de manera que resuene con el equipo. La visión no debe ser un concepto abstracto, sino un destino compartido que todos los miembros de la organización puedan visualizar claramente. Los líderes deben ser maestros en la capacidad de pintar ese cuadro, de modo que cada persona entienda no solo hacia dónde va la empresa, sino cómo su propio trabajo contribuye a ese viaje.

Un líder inspirador también escucha activamente. La comunicación no se trata solo de hablar, sino de saber cuándo quedarse en silencio y prestar atención. Los líderes que escuchan activamente a sus equipos generan un ambiente de respeto y colaboración. Escuchar las preocupaciones, las ideas y las opiniones de los empleados no solo fortalece la relación líder-equipo, sino que también proporciona información valiosa que puede guiar la toma de decisiones.

Hacia una Cultura de la Comunicación Abierta y Continua

La comunicación efectiva no debe ser vista como una serie de eventos aislados, sino como un proceso continuo que permea todas las facetas de la organización. Los líderes que logran establecer una cultura de la comunicación abierta y continua, donde todos los miembros del equipo se sienten libres de expresar sus opiniones y compartir información, están en una posición mucho más fuerte para llevar su empresa al éxito.

La comunicación efectiva es una de las habilidades más poderosas que un líder puede dominar. Desde la claridad y la transparencia hasta la capacidad de influir e inspirar, un líder que comunica bien está mejor preparado para guiar a su organización en cualquier circunstancia. Las empresas que prosperan son aquellas donde los líderes no solo hablan, sino que escuchan, no solo informan, sino que inspiran, y no solo ordenan, sino que conectan. Si quieres ser un líder completo y llevar a tu empresa al éxito, empieza por perfeccionar tu capacidad para comunicarte de manera efectiva.

Comunicación Estratégica, Escucha Activa, Influencia y Transparencia: Claves del Liderazgo Moderno

En el complejo y competitivo entorno empresarial actual, la capacidad de un líder para comunicarse eficazmente con su equipo no es simplemente una habilidad deseable, es una necesidad crítica. La comunicación no solo permite la transmisión de información, sino que también forja la cultura organizacional, motiva a los empleados y construye relaciones basadas en la confianza. Sin embargo, no basta con ser un comunicador competente; los líderes modernos deben desarrollar una comunicación estratégica que sea deliberada, orientada a objetivos y adaptada a cada situación. A esto se suma la necesidad de dominar la escucha activa, la habilidad de influir positivamente en las personas y la transparencia en todas las interacciones. Estos son los pilares sobre los cuales se construye un liderazgo efectivo.

Comunicación Estratégica: Más Allá de las Palabras

La comunicación estratégica es el arte de utilizar el lenguaje y los medios de comunicación de manera planificada para alcanzar objetivos específicos. No se trata solo de enviar mensajes, sino de asegurarse de que esos mensajes impacten, sean comprendidos y generen acción. En el contexto del liderazgo, la comunicación estratégica es esencial para guiar a la organización en la dirección correcta, alineando a todos los miembros del equipo con la visión y los objetivos de la empresa.

Para entender mejor este concepto, tomemos el ejemplo de un CEO que, frente a una crisis económica, debe comunicar una reestructuración importante. El simple anuncio de los recortes no es suficiente. El líder debe planificar cómo, cuándo y a quién comunicar cada aspecto del proceso. Debe ser claro sobre las razones detrás de la decisión, presentar los datos relevantes y delinear los pasos futuros. Al mismo tiempo, es esencial que este mensaje no se perciba como una mera transmisión de malas noticias, sino como una oportunidad para reorientar la empresa hacia un futuro más sólido.

La comunicación estratégica implica, en este caso, anticipar las preocupaciones de los empleados. Sabiendo que muchos pueden sentirse inseguros, el líder debe abordar proactivamente los temas más sensibles, como el impacto en los puestos de trabajo, los beneficios a largo plazo de la reestructuración y los planes para apoyar a aquellos que puedan verse afectados. Un líder que comunica estratégicamente prepara el terreno para evitar sorpresas desagradables, y en lugar de que el mensaje sea rechazado o malinterpretado, logra que sea entendido y aceptado.

Otro aspecto clave de la comunicación estratégica es saber elegir el canal adecuado para cada mensaje. No todos los temas se deben comunicar en reuniones grandes, y no todas las decisiones requieren correos electrónicos masivos. Los líderes más efectivos utilizan una combinación de medios, desde reuniones individuales hasta comunicados formales, pasando por canales más informales como charlas con los equipos. Saber cuándo y cómo utilizar estos canales, y personalizar los mensajes según las necesidades de la audiencia, es fundamental para maximizar el impacto.

Escucha Activa: El Poder de la Comprensión

Un error común en la comunicación empresarial es pensar que consiste únicamente en hablar y transmitir información. Sin embargo, un componente crucial de la comunicación efectiva es la escucha activa. Escuchar activamente implica no solo oír lo que los demás dicen, sino realmente comprender sus preocupaciones, perspectivas y emociones. En el contexto del liderazgo, la escucha activa es una herramienta poderosa que permite a los líderes conectarse mejor con sus equipos, tomar decisiones más informadas y fomentar un ambiente de colaboración.

Imaginemos una situación en la que un gerente general está implementando un cambio organizacional importante, como la adopción de una nueva tecnología. A medida que se despliega el nuevo sistema, comienzan a surgir quejas de los empleados sobre la complejidad del software y los problemas técnicos. Un líder que escucha activamente no solo tomará nota de las quejas, sino que también buscará comprender el verdadero problema detrás de ellas. ¿Es el software realmente complicado o es una falta de capacitación lo que está causando la frustración? Al profundizar en las preocupaciones del equipo y hacer preguntas aclaratorias, el líder puede identificar la raíz del problema y ajustar el enfoque en consecuencia, ya sea ofreciendo más soporte o reconsiderando la implementación.

La escucha activa también es crucial para construir relaciones de confianza. Cuando los empleados sienten que sus líderes los escuchan, se sienten valorados y respetados. Esto genera un mayor compromiso y una mayor disposición a compartir ideas y preocupaciones. Pensemos en un entorno donde un equipo está trabajando bajo una gran presión para cumplir con un proyecto importante. Los miembros del equipo expresan su preocupación por los plazos poco realistas y el impacto en su bienestar. Un líder que practica la escucha activa no solo tomará en cuenta estos comentarios, sino que también actuará en consecuencia, ajustando los plazos o proporcionando recursos adicionales para aliviar la carga. Este enfoque no solo resuelve el problema inmediato, sino que también envía un mensaje claro: los líderes se preocupan por su equipo y están dispuestos a hacer ajustes cuando sea necesario.

Escuchar activamente también puede tener un impacto directo en la moral del equipo. A veces, los empleados no buscan una solución inmediata, sino simplemente sentirse escuchados. Un líder que dedica tiempo a escuchar a su equipo, que muestra empatía y que responde con comprensión, puede fortalecer enormemente la cohesión del equipo y crear un ambiente donde todos se sientan cómodos expresándose.

Influencia: El Arte de Convencer y Motivar

Un líder no puede tener éxito sin la capacidad de influir en los demás. La influencia es el proceso mediante el cual un líder guía a su equipo hacia acciones o decisiones, no a través de la imposición, sino mediante la persuasión y la creación de confianza. Un líder con influencia efectiva no solo obtiene el consentimiento de su equipo, sino que logra que sus empleados estén verdaderamente comprometidos con la visión y los objetivos de la organización.

La influencia, sin embargo, no es algo que se pueda imponer. Se gana con el tiempo a través de la coherencia, la credibilidad y la relación con los miembros del equipo. Un ejemplo de esto se puede ver en líderes que, a lo largo del tiempo, han demostrado ser confiables y consistentes en sus decisiones y acciones. Pensemos en un director general que ha liderado la empresa durante varios años y, cada vez que ha surgido una crisis, ha mantenido la calma, ha comunicado claramente los pasos a seguir y ha tomado decisiones que finalmente han beneficiado a la empresa y sus empleados. A lo largo de los años, los empleados han aprendido que este líder no solo tiene la capacidad de gestionar crisis, sino que también se preocupa por el bienestar del equipo. La confianza se ha construido, y ahora, cuando el líder propone una nueva iniciativa o un cambio estratégico, los empleados están dispuestos a seguirlo sin resistencia. Esa es la esencia de la influencia efectiva.

Un aspecto importante de la influencia es la capacidad de adaptar los mensajes y enfoques según la audiencia. No todas las personas responden de la misma manera a un mismo estilo de liderazgo o de comunicación. Un líder influyente sabe cómo ajustar su tono, su enfoque y hasta sus palabras dependiendo de quién está al otro lado de la conversación. Por ejemplo, un director general puede utilizar datos y análisis detallados para convencer a su equipo financiero sobre la viabilidad de un nuevo proyecto, mientras que con el equipo de marketing puede centrarse más en la visión creativa y el impacto que dicho proyecto tendrá en la marca.

Además de personalizar los mensajes, el storytelling (narración de historias) es una herramienta poderosa que los líderes pueden utilizar para influir. Las historias conectan con las personas a nivel emocional, haciendo que los mensajes sean más memorables y convincentes. Imagina un líder que está tratando de inspirar a su equipo para superar un desafío aparentemente insuperable. En lugar de simplemente presentar hechos y cifras, el líder cuenta la historia de una vez anterior en que la empresa enfrentó una situación difícil y cómo, trabajando juntos, lograron superarla. Este enfoque no solo comunica el mensaje de que es posible superar obstáculos, sino que también refuerza un sentido de propósito compartido y orgullo por los logros pasados.

La influencia no se trata solo de convencer, sino también de motivar. Un líder verdaderamente influyente sabe cómo inspirar a su equipo para que dé lo mejor de sí. Esto implica comprender lo que motiva a cada individuo: algunos empleados pueden estar motivados por el reconocimiento, otros por oportunidades de desarrollo y crecimiento, y otros por la posibilidad de contribuir a algo significativo. Un buen líder escucha activamente a su equipo (como vimos antes) y ajusta su enfoque de influencia según lo que motiva a cada persona.

Transparencia: Construyendo Confianza y Credibilidad

La transparencia es uno de los pilares fundamentales del liderazgo moderno. En una época donde la información fluye rápidamente y los empleados tienen acceso a más datos que nunca, los líderes no pueden permitirse el lujo de ocultar información o ser vagos en sus comunicaciones. Los empleados valoran la honestidad, y la falta de transparencia puede erosionar rápidamente la confianza en los líderes y, por ende, en la organización.

La transparencia implica ser abierto y honesto acerca de las decisiones que se están tomando, los desafíos que enfrenta la organización y las oportunidades que existen. Esto no significa que los líderes deban compartir cada pequeño detalle, pero sí implica que deben ser claros y directos sobre los temas que impactan a la empresa y a los empleados.

Tomemos como ejemplo una empresa que está enfrentando dificultades financieras. Un líder que no es transparente podría optar por ocultar estos problemas hasta el último momento, dejando a los empleados en la oscuridad y generando incertidumbre. Cuando finalmente se revela la verdad, los empleados no solo se sienten sorprendidos, sino también traicionados. Por el contrario, un líder transparente, aunque es consciente de la gravedad de la situación, se comunica abierta y tempranamente con el equipo. Explica los desafíos financieros, comparte las acciones que se están tomando para mejorar la situación y, lo más importante, ofrece una visión clara sobre el futuro y el rol que cada miembro del equipo puede desempeñar para ayudar a la empresa a salir adelante. Esta honestidad, aunque puede generar preocupación inicial, crea una base de confianza a largo plazo. Los empleados valoran que se les trate con respeto y se les mantenga informados.

La transparencia también es esencial para alinear a los equipos. Si los empleados no comprenden las razones detrás de las decisiones, es probable que su compromiso disminuya. Por ejemplo, cuando una empresa decide realizar un cambio estratégico importante, como la entrada a un nuevo mercado o la adopción de una nueva tecnología, la transparencia en la comunicación de las razones y beneficios detrás de ese cambio es fundamental para asegurar la aceptación y el apoyo. Un líder que explica cómo este cambio está alineado con los objetivos a largo plazo de la empresa y cómo beneficiará tanto a la organización como a los empleados, genera confianza y reduce la resistencia al cambio.

Otro aspecto clave de la transparencia es la coherencia entre lo que se dice y lo que se hace. Un líder transparente no solo habla de valores como la integridad y la responsabilidad, sino que también los vive en su comportamiento diario. Si un líder predica la importancia de la cultura del trabajo en equipo, pero constantemente toma decisiones de manera unilateral, sin consultar a su equipo, su credibilidad se ve comprometida. Los empleados prestan atención a las acciones, no solo a las palabras. La falta de coherencia entre el discurso y la acción puede destruir rápidamente la confianza que los empleados tienen en su líder.

Integrando la Comunicación Estratégica, la Escucha Activa, la Influencia y la Transparencia

Hasta ahora, hemos explorado cada uno de estos elementos clave de la comunicación efectiva: la comunicación estratégica, la escucha activa, la influencia y la transparencia. Si bien cada uno de estos componentes tiene su propio valor, es la integración de todos ellos lo que realmente permite a un líder destacarse.

Un líder que comunica de manera estratégica, pero no escucha activamente, puede perderse información crucial sobre las preocupaciones y necesidades de su equipo. De la misma manera, un líder que es transparente, pero no tiene la habilidad de influir de manera efectiva, puede encontrar resistencia a sus iniciativas a pesar de ser honesto sobre las decisiones. Por lo tanto, es la combinación de estas habilidades lo que convierte a un líder en alguien verdaderamente eficaz.

Veamos un ejemplo completo. Supongamos que una empresa está lanzando una nueva línea de productos en un mercado internacional. El CEO, como líder del proyecto, decide aplicar todas estas estrategias de manera integrada. Primero, utiliza la comunicación estratégica para planificar cómo y cuándo se comunicará el lanzamiento del producto, asegurándose de que todos los departamentos estén alineados y comprendan su rol. Luego, a medida que surgen desafíos durante la fase de desarrollo, el CEO practica la escucha activa, asegurándose de entender las preocupaciones de los equipos de diseño, producción y ventas. A través de la influencia, motiva a estos equipos a superar obstáculos, destacando el impacto positivo que este nuevo producto tendrá en la empresa y en sus carreras. Finalmente, el CEO mantiene la transparencia en todo el proceso, compartiendo tanto los éxitos como los desafíos, y siendo claro sobre las expectativas y los plazos.

El resultado es un equipo que no solo está bien informado, sino que también está motivado, comprometido y confiado en que, bajo el liderazgo de este CEO, el proyecto tendrá éxito. Este es el poder de un liderazgo basado en una comunicación integral.

El liderazgo efectivo en el mundo empresarial actual requiere mucho más que simplemente dar órdenes o dirigir desde lo alto. Implica una comprensión profunda de cómo la comunicación – en todas sus formas – influye en la percepción, el compromiso y el éxito de la organización. Al dominar la comunicación estratégica, la escucha activa, la influencia y la transparencia, los líderes no solo fortalecen su capacidad para dirigir a sus equipos, sino que también construyen una cultura organizacional basada en la confianza, la motivación y el respeto mutuo.

Un líder que comunica bien, escucha con empatía, influye de manera positiva y se muestra transparente en todo momento es un líder que está preparado para guiar a su empresa a través de cualquier desafío. No importa cuán turbulentos sean los tiempos, estas habilidades clave permitirán que el líder inspire a su equipo a alcanzar su máximo potencial y, en última instancia, llevar la organización al éxito.

Tema Clave	Descripción	Ejemplo	Beneficio Principal
Comunicación Estratégica	Uso planificado de la comunicación para alcanzar objetivos específicos. Involucra seleccionar el mensaje y el canal adecuado para impactar y alinear a los equipos.	Un CEO comunicando una reestructuración importante, explicando las razones detrás de la decisión, y anticipando inquietudes de los empleados.	Alinea a los equipos con la visión y minimiza malentendidos, maximizando el impacto de las decisiones.
Escucha Activa	Capacidad de escuchar no solo para oír, sino para comprender profundamente las necesidades y emociones de los empleados, facilitando la toma de decisiones acertadas.	Un líder que escucha las quejas sobre un nuevo sistema de software, identifica la falta de capacitación como el verdadero problema y ajusta el enfoque para resolverlo.	Mejora la confianza, la moral y asegura decisiones más informadas y efectivas.
Influencia	Habilidad de persuadir y motivar a los empleados hacia la acción a través de la confianza y la credibilidad, más	Un líder que motiva a su equipo al contar una historia inspiradora de cómo superaron un desafío similar en el pasado.	Incrementa el compromiso y la motivación, alineando los esfuerzos del equipo con la visión del líder.

	allá de la imposición.		
Transparencia	Honestidad y apertura en la comunicación de decisiones, problemas y oportunidades, fomentando la confianza y el compromiso de los empleados.	Un CEO que comunica abiertamente los problemas financieros de la empresa, pero ofrece una visión clara sobre las soluciones y el futuro.	Construye confianza a largo plazo y minimiza la incertidumbre entre los empleados, aumentando su lealtad y colaboración.
Integración de Habilidades	La combinación de todas las habilidades anteriores (comunicación estratégica, escucha activa, influencia y transparencia) permite una comunicación efectiva y completa.	Un CEO que lidera un lanzamiento de producto internacional, usando la comunicación estratégica para alinear, la escucha activa para entender desafíos, y la influencia para motivar, manteniendo transparencia en todo momento.	Genera una ejecución fluida, con equipos comprometidos, informados y dispuestos a superar obstáculos en beneficio de la empresa.

APÉNDICES

Apéndice A: Herramientas Prácticas para Evaluar el Rendimiento del Liderazgo

Evaluar el rendimiento del liderazgo no es solo una tarea deseable, sino esencial para asegurar que las estrategias implementadas están generando los resultados esperados y que la organización está avanzando en la dirección correcta. En este apéndice, presentamos un conjunto robusto de herramientas prácticas que te permitirán medir y diagnosticar la eficacia de tu liderazgo, así como el impacto que tiene en la productividad y cultura organizacional. Estos recursos están diseñados para ser fácilmente aplicables, proporcionando datos valiosos que te permitirán ajustar tu enfoque en función de las necesidades y desafíos actuales de tu empresa. Ya sea que busques mejorar la moral del equipo, incrementar la retención de empleados, o alcanzar metas financieras más ambiciosas, las herramientas incluidas aquí te ayudarán a tomar decisiones informadas y proactivas.

1. Plantillas para Autoevaluación de Liderazgo

La autoevaluación es un primer paso fundamental para cualquier líder que aspire a crecer. Estas plantillas están diseñadas para que puedas reflexionar sobre tus propias habilidades y comportamientos como líder, identificando tanto tus fortalezas como áreas de mejora. Algunas preguntas clave que estas plantillas incluyen son:

- Comunicación: ¿Cómo calificas tu capacidad para comunicarte de manera efectiva con tu equipo? ¿Eres claro, abierto y directo?

- Toma de decisiones: ¿Cómo manejas la toma de decisiones en momentos de crisis o incertidumbre? ¿Consultas con tu equipo o tiendes a decidir solo?

- Delegación: ¿Eres capaz de delegar responsabilidades de manera eficaz, o prefieres asumir tú mismo la mayoría de las tareas críticas?

- Gestión del tiempo: ¿Cómo distribuyes tu tiempo entre las tareas estratégicas y operativas? ¿Te sientes abrumado por la carga de trabajo?

Estas plantillas permiten al líder hacer un análisis introspectivo que aporta claridad sobre qué aspectos deben ser trabajados para mejorar su eficacia general.

2. Formulario de Retroalimentación 360º

La retroalimentación 360º es una de las herramientas más poderosas para evaluar el rendimiento de un líder, ya que proporciona una visión integral desde diferentes perspectivas dentro de la organización. Este formulario permite recoger comentarios de subordinados directos, colegas, y superiores, obteniendo una visión equilibrada de cómo otros perciben el liderazgo en diferentes contextos. Las áreas a evaluar incluyen:

- Habilidades de liderazgo: ¿Cómo describen los demás tu capacidad para liderar equipos, inspirar a otros, y gestionar conflictos?

- Relaciones interpersonales: ¿Tu equipo te percibe como accesible y colaborativo? ¿Eres un líder empático que se preocupa por el bienestar de los demás?

- Innovación y creatividad: ¿Eres visto como alguien que fomenta nuevas ideas y un pensamiento creativo dentro del equipo?

- Influencia: ¿Tu influencia se percibe como positiva? ¿Eres capaz de persuadir y movilizar a tu equipo hacia metas comunes?

Esta herramienta te proporcionará una visión externa crucial para comprender cómo tus comportamientos y decisiones impactan en tu equipo y en la organización en general.

3. Indicadores Clave de Desempeño (KPI) para Liderazgo

Medir el liderazgo de manera efectiva también implica cuantificar su impacto a través de indicadores clave de desempeño. Estos KPI te ayudarán a evaluar cómo tus acciones como líder afectan la empresa en diversas áreas críticas. Algunos ejemplos incluyen:

- Retención de empleados: Un liderazgo efectivo suele correlacionar con tasas de retención más altas. Si el equipo está motivado y satisfecho, es menos probable que busque otras oportunidades laborales.

- Productividad del equipo: La capacidad del equipo para cumplir con los plazos y mantener una alta calidad en su trabajo es una señal directa de la calidad del liderazgo.

- Cultura organizacional: Se puede medir a través de encuestas de clima organizacional que evalúan el grado de compromiso, satisfacción y lealtad de los empleados.

- Crecimiento financiero: Aunque más indirecto, el liderazgo eficaz suele reflejarse en el crecimiento financiero de la empresa, ya que un equipo bien dirigido tiende a ser más eficiente y orientado a resultados.

Estas métricas son esenciales para medir de manera objetiva cómo el liderazgo impacta en el rendimiento general de la empresa.

4. Matriz de Competencias de Liderazgo

Una matriz de competencias te permite evaluar qué habilidades clave deben desarrollarse para mejorar tu liderazgo en el contexto de las necesidades estratégicas de tu empresa. Las competencias que se evalúan aquí incluyen:

- Pensamiento estratégico: La capacidad de anticipar desafíos futuros y desarrollar planes a largo plazo.

- Adaptabilidad: La habilidad de ajustar estrategias y comportamientos en función de cambios en el entorno interno o externo.

- Capacidad para inspirar y motivar: El líder como fuente de inspiración para los demás.

- Habilidades de coaching y desarrollo de talentos: Capacidad para identificar y desarrollar el potencial dentro del equipo.

Esta matriz te permitirá identificar las áreas donde debes enfocarte para desarrollar un liderazgo más fuerte y efectivo.

5. Herramienta de Evaluación de la Cultura Organizacional

La cultura organizacional está estrechamente ligada al estilo y la calidad del liderazgo. Una herramienta de evaluación de la cultura organizacional te permitirá medir el nivel de cohesión, valores compartidos, y el sentido de pertenencia entre los empleados. Algunas áreas que evalúa esta herramienta son:

- Comunicación interna: ¿Los flujos de comunicación son abiertos, transparentes y efectivos?

- Innovación: ¿La cultura de la empresa fomenta la creatividad y el pensamiento fuera de lo convencional?

- Diversidad e inclusión: ¿La empresa promueve un entorno inclusivo donde se valoran diferentes perspectivas y experiencias?

La cultura organizacional fuerte es uno de los principales indicadores de un liderazgo eficaz, y esta herramienta te ayudará a medirlo de manera cuantificable.

Apéndice B: Casos de Estudio de Éxito Empresarial

Nada mejor que ver en acción los principios de liderazgo que hemos discutido a lo largo de este libro. A través de estos casos de estudio reales, podrás observar cómo otros líderes han aplicado con éxito las estrategias descritas aquí para transformar sus organizaciones, superar retos significativos y llevar a sus equipos a nuevos niveles de éxito. Desde pequeñas empresas en crecimiento hasta corporaciones multinacionales, estos casos ilustran cómo los conceptos clave de liderazgo pueden adaptarse a diferentes contextos y desafíos.

Caso de Estudio 1: Transformación Cultural en una Empresa de Tecnología Mediana

Contexto: Una empresa de tecnología con 200 empleados estaba experimentando una alta rotación de personal y una moral baja. El liderazgo era percibido como distante y desconectado de las necesidades de los empleados. La productividad había disminuido, y la empresa se enfrentaba a desafíos significativos para retener talento en un mercado altamente competitivo.

Estrategia de Liderazgo: El gerente general decidió implementar una transformación cultural basada en la retroalimentación del equipo y una revisión profunda de la estructura de liderazgo. Aplicó un enfoque colaborativo, creando comités para dar voz a los empleados en la toma de decisiones clave. Además, se implementaron programas de desarrollo profesional y se establecieron políticas flexibles de trabajo remoto.

Resultados: En menos de un año, la rotación de empleados disminuyó en un 30%, la satisfacción laboral mejoró notablemente, y la empresa fue reconocida en la industria por su cultura empresarial. El cambio en la estrategia de liderazgo no solo impulsó la moral del equipo, sino que también aumentó la productividad y mejoró significativamente el posicionamiento de la empresa en el mercado laboral.

Caso de Estudio 2: Recuperación de una Empresa Manufacturera en Crisis

Contexto: Una empresa manufacturera estaba en pleno declive, enfrentando pérdidas financieras y problemas operacionales. El equipo directivo se encontraba bajo una gran presión para revertir la situación. El liderazgo anterior había adoptado un enfoque centralizado y autoritario, lo que había generado desconfianza entre los empleados y los directivos.

Estrategia de Liderazgo: El nuevo CEO implementó una estrategia de liderazgo basada en la transparencia y la rendición de cuentas. Involucró a todos los niveles de la organización en un plan de reestructuración, delegando responsabilidades y promoviendo la participación activa en la resolución de problemas. Además, estableció metas claras y alcanzables, alineadas con incentivos a corto y largo plazo.

Resultados: En el transcurso de dos años, la empresa logró revertir sus pérdidas y volvió a ser rentable. La productividad en las líneas de producción aumentó un 25%, y el clima laboral mejoró drásticamente. Este caso demuestra cómo un cambio de enfoque en el liderazgo puede ser clave para superar una crisis empresarial.

Caso de Estudio 3: Innovación y Liderazgo en una Startup de Software

Contexto: Una startup de software con apenas 15 empleados enfrentaba el desafío de competir contra gigantes de la industria tecnológica. El equipo directivo buscaba una manera de posicionarse en un mercado saturado sin perder su identidad como empresa pequeña y ágil.

Estrategia de Liderazgo: El CEO de la empresa decidió apostar por un enfoque de liderazgo centrado en la innovación continua. Fomentó un entorno en el que cada miembro del equipo se sintiera libre para proponer nuevas ideas, sin temor al fracaso. Se implementaron procesos ágiles que permitieron lanzar productos al mercado de forma más rápida que los competidores.

Resultados: En pocos años, la startup no solo sobrevivió, sino que se destacó por su capacidad para adaptarse rápidamente a los cambios del mercado. Su cultura innovadora atrajo a talento clave y le permitió crear alianzas estratégicas con empresas más grandes, asegurando su crecimiento sostenible. Este caso pone en evidencia la importancia del liderazgo flexible y orientado al futuro en entornos de alta competencia.

Apéndice C: Lecturas Recomendadas y Recursos Adicionales

El liderazgo es un campo en constante evolución, con nuevas investigaciones, teorías y enfoques que emergen continuamente. Para aquellos líderes que buscan profundizar en los temas tratados en este libro y seguir perfeccionando sus habilidades, hemos compilado una lista exhaustiva de lecturas recomendadas y recursos adicionales. Esta selección incluye libros influyentes, artículos clave, podcasts inspiradores y otros recursos que te ayudarán a expandir tu conocimiento en diversas áreas del liderazgo y la gestión empresarial. Cada recurso ha sido cuidadosamente elegido por su relevancia práctica y su capacidad para ofrecer ideas accionables que puedes aplicar en tu propio contexto.

1. Libros Recomendados

"Los 7 Hábitos de la Gente Altamente Efectiva" – Stephen Covey

Este clásico atemporal es una lectura esencial para cualquier líder que quiera mejorar su eficacia personal y organizacional. Covey presenta un enfoque holístico para el liderazgo, centrándose en hábitos fundamentales como la proactividad, la planificación con un fin en mente y la priorización de lo importante sobre lo urgente. Estos principios no solo son valiosos en el contexto empresarial, sino también para el liderazgo personal. Un ejemplo práctico que puedes extraer de este libro es cómo el hábito de la proactividad ayuda a los líderes a anticipar problemas y manejar crisis de manera más eficiente.

"Liderazgo" – John C. Maxwell

Maxwell es uno de los autores más respetados en temas de liderazgo, y en este libro profundiza en los principios fundamentales que todo líder debe dominar. Desde la importancia de la influencia hasta la capacidad de adaptarse a los cambios, Maxwell proporciona ejemplos concretos de cómo los líderes pueden transformar sus equipos y organizaciones. Un concepto clave que explora es el de la líder como desarrollador de otros líderes, donde un ejemplo claro es cómo los líderes efectivos no solo manejan tareas, sino que también cultivan el talento dentro de su equipo, empoderando a otros para asumir roles de liderazgo.

"La Quinta Disciplina" – Peter Senge

Este libro es esencial para los líderes interesados en crear organizaciones que aprenden. Senge introduce el concepto de sistemas de pensamiento y cómo los líderes pueden fomentar un ambiente en el que el aprendizaje continuo sea una parte integral de la cultura organizacional. Un ejemplo clave de la aplicación de este concepto es cómo las organizaciones pueden evitar la toma de decisiones fragmentadas adoptando una visión sistémica, donde los líderes entienden las interrelaciones dentro de la empresa y cómo los problemas se conectan entre sí.

"Drive: La sorprendente verdad sobre lo que nos motiva" – Daniel H. Pink

Daniel Pink desafía las nociones tradicionales sobre la motivación y ofrece un enfoque basado en la ciencia para entender qué impulsa a las personas a rendir al máximo. Pink argumenta que los factores tradicionales como las recompensas financieras no siempre son los motivadores más efectivos y que, en su lugar, las personas buscan autonomía, maestría y propósito. Un líder que entiende estos principios puede, por ejemplo, diseñar sistemas que permitan a su equipo tener más control sobre su trabajo (autonomía), ofrecer oportunidades de desarrollo (maestría) y conectar su trabajo con un propósito mayor (propósito).

"El líder resonante crea más" – Daniel Goleman, Richard Boyatzis, Annie McKee

Este libro se basa en la inteligencia emocional y cómo los líderes pueden utilizarla para crear un entorno de trabajo más productivo y satisfactorio. Goleman, quien popularizó el concepto de inteligencia emocional, argumenta que los líderes resonantes son aquellos capaces de sintonizar con las emociones de los demás y generar conexiones que inspiran y motivan. Un ejemplo de aplicación práctica es el uso de la empatía para comprender mejor las preocupaciones de los empleados y fomentar una cultura de confianza y apertura.

"Good to Great: Empresas que sobresalen" – Jim Collins

Collins explora por qué algunas empresas logran hacer la transición de ser buenas a convertirse en grandes, mientras que otras no. Uno de los conceptos más influyentes de este libro es el de liderazgo de nivel 5, donde los líderes combinan una gran humildad personal con una fuerte determinación profesional. Un ejemplo interesante es cómo estos líderes se enfocan menos en su propio ego y más en el éxito de la empresa a largo plazo, asegurándose de que los equipos y las estructuras sean sostenibles después de su partida.

2. Artículos Recomendados

"What Makes a Leader?" – Daniel Goleman (Harvard Business Review)

En este artículo fundamental, Goleman presenta su investigación sobre la inteligencia emocional y su impacto en el liderazgo. A través de estudios de caso y ejemplos concretos, Goleman muestra cómo los líderes con alta inteligencia emocional son capaces de gestionar equipos de manera más eficaz, fomentando la colaboración y el compromiso. Un líder con inteligencia emocional, por ejemplo, podría usar la autorregulación para mantener la calma durante una crisis, lo que inspira confianza y estabilidad en su equipo.

"The Hard Thing About Hard Things" – Ben Horowitz (The Atlantic)

Horowitz ofrece una perspectiva cruda y honesta sobre los desafíos del liderazgo, especialmente cuando se trata de decisiones difíciles en tiempos de crisis. En este artículo, Horowitz explica cómo los líderes pueden superar los momentos más complicados manteniendo la calma, siendo transparentes con su equipo y tomando decisiones difíciles con integridad. Un ejemplo de aplicación práctica es la gestión de despidos de manera ética y empática, asegurando que los afectados reciban apoyo y claridad durante el proceso.

"Leadership That Gets Results" – Daniel Goleman (Harvard Business Review)

Este artículo de Goleman analiza seis estilos de liderazgo diferentes (coercitivo, autoritario, afiliativo, democrático, ejemplar y coaching) y cuándo utilizar cada uno. Goleman argumenta que los líderes más efectivos son aquellos que pueden cambiar de estilo según las circunstancias, ajustándose a las necesidades del equipo y el contexto. Un ejemplo es el uso del estilo democrático cuando se requiere la colaboración y el consenso, mientras que el autoritario puede ser más adecuado en una situación de crisis donde se necesita una dirección clara y rápida.

3. Podcasts Recomendados

"The Tim Ferriss Show"

Tim Ferriss es conocido por sus entrevistas en profundidad con algunas de las mentes más brillantes en los negocios y el liderazgo. Desde líderes de startups hasta grandes empresarios, Ferriss explora las estrategias y rutinas que les han llevado al éxito. Un episodio notable es su entrevista con Jim Collins, donde profundizan en los principios de "Good to Great" y cómo cualquier líder puede aplicar esos conceptos en su propia organización.

"The Craig Groeschel Leadership Podcast"

Craig Groeschel ofrece episodios breves y orientados a la acción que se centran en desarrollar habilidades de liderazgo práctico. Desde la toma de decisiones hasta la construcción de una cultura organizacional sólida, Groeschel proporciona consejos claros y aplicables para cualquier líder, con ejemplos extraídos de su experiencia liderando una organización en rápido crecimiento.

"The Tony Robbins Podcast"

Tony Robbins, un orador motivacional y coach empresarial de renombre mundial, ofrece una mezcla de entrevistas y sesiones educativas centradas en el desarrollo personal y el liderazgo. En varios episodios, Robbins analiza cómo los líderes pueden superar barreras mentales y crear un cambio significativo tanto en sus vidas como en sus organizaciones. Sus principios de psicología positiva y liderazgo transformacional son clave para aquellos que buscan inspirar a sus equipos y fomentar un cambio duradero.

Apéndice D: Plan de Acción de 30 Días para Líderes

Implementar las estrategias discutidas en este libro requiere un enfoque intencionado y bien estructurado. Para facilitar la transición de la teoría a la práctica, hemos diseñado un plan de acción de 30 días que te guiará paso a paso en la aplicación de los principios del liderazgo eficaz. Este plan está estructurado en objetivos semanales con acciones claras que te ayudarán a comenzar a implementar los cambios necesarios en tu estilo de liderazgo y en tu organización.

Semana 1: Evaluación y Autoconocimiento

Objetivo:

Durante la primera semana, el objetivo es realizar una evaluación honesta de tu estilo de liderazgo actual y comenzar a identificar las áreas que necesitan mejoras. Esta fase de autoconocimiento es crucial para sentar las bases de un cambio positivo.

Acciones:

- Realiza una autoevaluación: Utiliza las plantillas de autoevaluación que se proporcionan en el Apéndice A para identificar tus puntos fuertes y áreas de mejora.

- Recopila retroalimentación 360º: Distribuye el formulario de retroalimentación a tus colegas, subordinados y superiores. Tómate el tiempo para revisar cuidadosamente los resultados y busca patrones en los comentarios.

- Establece metas de desarrollo personal: Con base en la autoevaluación y la retroalimentación recibida, define dos o tres áreas clave en las que deseas enfocarte durante el mes. Estas podrían incluir mejorar tu comunicación, delegar más responsabilidades o aumentar tu capacidad para gestionar el estrés.

Evaluación de progreso:

Al final de la semana, revisa las evaluaciones realizadas y las metas establecidas. ¿Qué patrones emergen en la retroalimentación que has recibido? ¿Te has sorprendido por algún comentario en particular? Usa esta información para ajustar tus expectativas para las semanas siguientes.

Semana 2: Mejora de la Comunicación y Delegación

Objetivo:

En esta semana, el enfoque es mejorar la calidad de tu comunicación y aprender a delegar de manera más eficaz. La comunicación clara y la deleg

ación efectiva son dos pilares del liderazgo que afectan directamente la productividad y la moral del equipo.

Acciones:

- Mejora tus reuniones: Revisa cómo conduces las reuniones con tu equipo. Establece una agenda clara, invita a la participación activa y asegúrate de que todos los asistentes tengan claras sus responsabilidades después de la reunión.

- Practica la escucha activa: Durante las interacciones con tu equipo, concéntrate en escuchar con atención antes de responder. Haz preguntas que demuestren tu interés genuino por sus opiniones y desafíos.

- Delegación efectiva: Identifica al menos una tarea clave que actualmente estás manejando personalmente y delega su responsabilidad a un miembro del equipo adecuado. Asegúrate de proporcionar instrucciones claras y ofrecer apoyo, pero también da suficiente espacio para que esa persona maneje la tarea por su cuenta.

Evaluación de progreso:

Revisa cómo han cambiado tus interacciones con el equipo. ¿Has notado una mejor participación en las reuniones? ¿Te sientes más cómodo delegando responsabilidades? Pide retroalimentación a los miembros del equipo para evaluar el impacto de los cambios.

Semana 3: Fomento de la Cultura Organizacional

Objetivo:

El objetivo de esta semana es comenzar a construir una cultura organizacional sólida basada en la colaboración, el respeto mutuo y el compromiso hacia los objetivos comunes.

Acciones:

- Define los valores clave: Si tu organización no tiene una declaración clara de valores, este es el momento de desarrollarla. Identifica los principios fundamentales que deseas que guíen las decisiones y comportamientos de tu equipo.

- Involucra a tu equipo en el proceso: Reúne a tu equipo para discutir y acordar los valores organizacionales. Esta es una excelente oportunidad para fomentar el sentido de pertenencia y alineación.

- Reconoce los logros: Comienza a implementar un sistema de reconocimiento para los logros, tanto individuales como colectivos. Un pequeño reconocimiento puede tener un gran impacto en la motivación del equipo.

Evaluación de progreso:

Haz una revisión de los valores identificados y cómo han sido recibidos por el equipo. ¿Tu equipo siente que estos valores reflejan la cultura deseada? ¿Cómo ha cambiado el ambiente en el lugar de trabajo?

Semana 4: Revisión y Planificación a Largo Plazo

Objetivo:

En la última semana, es importante revisar el progreso logrado durante el mes y planificar los próximos pasos. El liderazgo es un proceso continuo, y esta semana te ayudará a consolidar los cambios que has comenzado a implementar.

Acciones:

- Revisa tus metas iniciales: Vuelve a tus metas de la primera semana y evalúa tu progreso. ¿Has mejorado en las áreas que identificaste? Si no, ¿qué obstáculos encontraste y cómo puedes superarlos?

- Planifica los próximos 90 días: Define un plan de acción para los próximos tres meses. Establece metas más amplias y específicas, y crea un cronograma para revisar tu progreso a medida que avances.

- Evalúa la moral del equipo: Pregunta a los miembros de tu equipo cómo han percibido los cambios en tu liderazgo durante el último mes. Usa esta información para ajustar tu enfoque y seguir mejorando.

Evaluación de progreso:

Al final de la semana, realiza una evaluación completa del impacto que las estrategias han tenido en tu liderazgo y en la dinámica del equipo. ¿Sientes que has avanzado en el desarrollo de un liderazgo más eficaz? ¿El equipo ha respondido positivamente a los cambios?

Con este plan de 30 días, tendrás una hoja de ruta clara para comenzar a implementar los principios y estrategias discutidos en este libro. Cada semana está diseñada para enfocarse en áreas clave del liderazgo, con acciones prácticas que puedes adaptar a tu contexto específico. Recuerda que el liderazgo es un proceso continuo de aprendizaje y mejora, y este plan es solo el comienzo de un viaje más amplio hacia el liderazgo total.

FIN